中国票据市场研究

（2021 年第 4 辑　总第 9 辑）

中国票据研究中心　编

中国金融出版社

责任编辑：黄海清
责任校对：李俊英
责任印制：程　颖

图书在版编目（CIP）数据

中国票据市场研究．2021年．第4辑／中国票据研究中心编.
—北京：中国金融出版社，2022.4
　ISBN 978-7-5220-1562-0

　Ⅰ．①中…　Ⅱ．①中…　Ⅲ．①票据市场—中国—文集
Ⅳ．①F832.5-53

　中国版本图书馆CIP数据核字（2022）第046408号

中国票据市场研究．2021年．第4辑
ZHONGGUO PIAOJU SHICHANG YANJIU. 2021 NIAN. DI-4 JI

出版
发行　**中国金融出版社**

社址　北京市丰台区益泽路2号
市场开发部　（010）66024766，63805472，63439533（传真）
网 上 书 店　www.cfph.cn
　　　　　　　（010）66024766，63372837（传真）
读者服务部　（010）66070833，62568380
邮编　100071
经销　新华书店
印刷　保利达印务有限公司
尺寸　185毫米×260毫米
印张　10.75
字数　152千
版次　2022年4月第1版
印次　2022年4月第1次印刷
定价　49.00元
ISBN 978-7-5220-1562-0
如出现印装错误本社负责调换　联系电话　（010）63263947

编 委 会

目　录

市场运行

2021年票据市场发展回顾

上海票据交易所

2021年，在新冠肺炎疫情散发多发、宏观经济面临多重压力的情况下，票据市场运行总体平稳，各项业务稳中有增，票据利率总体下降，在推动实体经济发展、促进产业链供应链循环以及降低企业融资成本等方面发挥了积极作用。全年票据市场业务总量167.32万亿元，同比增长12.87%。其中，承兑金额24.15万亿元，增长9.32%；背书金额56.56万亿元，增长19.84%；贴现金额15.02万亿元，增长11.93%；转贴现金额46.94万亿元，增长6.41%；回购金额22.98万亿元，增长14.98%。全年转贴现加权平均利率为2.62%，同比下降9个基点；贴现利率为2.85%，下降13个基点；质押式回购利率为2.15%，上升28个基点。

一、票据市场运行情况

2021年，票据市场各项业务保持平稳增长，票据利率总体下降，市场发展质效不断提高。承兑背书金额同比增长，票据支付功能持续增强；票据融资业务有力增长，创新产品运用广泛深入；转贴现交易较为活跃，回购交易保持较快增长；转贴现和贴现利率同比下降，回购利率则随同货币市场利率有所回升。

（一）承兑背书业务同比增长，票据支付功能不断增强

1. 承兑金额平稳增长，国有和股份制银行带动作用较为明显。在宏观经济面临多重压力、企业生产经营困难增加的情况下，票据的延期支付功能更加契合银企诉求，推动承兑业务保持平稳增长。2021年，全市场承兑金额24.15万亿元，同比增长9.32%。其中，银票承兑20.35万亿元，增长10.19%；商票承兑3.80万亿元，增长4.85%。分机构类型看，全年国有银行承兑金额同比增长12.96%，高于全市场银票承兑金额增速2.77个百分点；股份制银行承兑金额同比增长10.79%，高于全市场平均增速0.60个百分点；城商行和农村金融机构承兑金额增速分别为8.49%和6.93%，较全市场平均增速分别低1.70个和3.26个百分点。

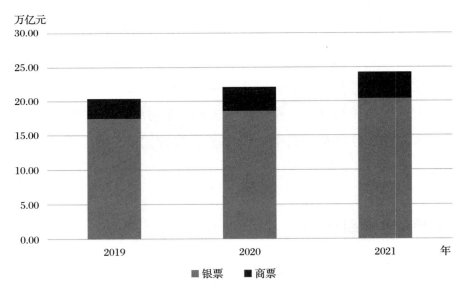

图1　2019—2021年全市场票据承兑金额

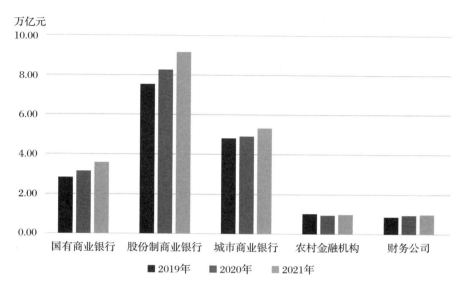

图2 2019—2021年不同类型机构银票承兑金额

2.背书金额增长较快，"票付通"业务大幅增长。2021年，全市场背书金额56.56万亿元，同比增长19.84%。其中，银票背书53.59万亿元，增长20.38%；商票背书2.97万亿元，增长10.82%。同时，在应用场景持续拓展、

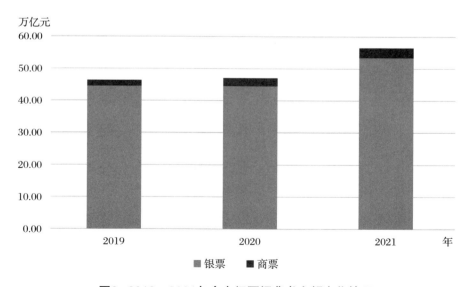

图3 2019—2021年全市场票据背书金额变化情况

市场环境不断改善的情况下，"票付通"业务规模大幅增长。截至2021年末，"票付通"累计对接平台44个，签约企业3025户，合计发起票据支付2.12万笔，支付金额610.90亿元，较上年末增长283.71%。

（二）票据融资业务增长有力，创新产品运用广泛深入

1.贴现金额增长较快。在有效信贷需求相对不足、票据贴现成本优势明显的情况下，银企双方更加倚重票据贴现开展融资，推动贴现金额保持较快增长。2021年，全市场贴现金额15.02万亿元，同比增长11.93%。其中，银票贴现13.80万亿元，增长11.43%；商票贴现1.22万亿元，增长17.98%。分机构类型看，国有商业银行、城商行贴现金额同比分别增长14.96%和13.66%，较全市场平均增速分别高3.03个和1.73个百分点；股份制银行和农村金融机构贴现金额同比分别增长10.97%和2.81%，较全市场平均增速分别低0.96个和9.12个百分点。

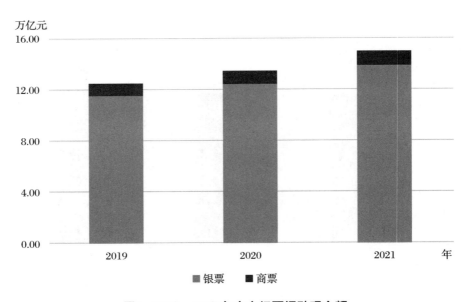

图4　2019—2021年全市场票据贴现金额

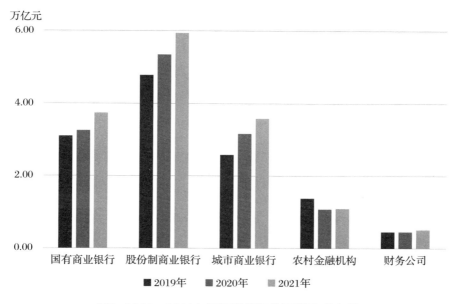

图5 2019—2021年不同类型机构票据贴现金额

2.创新产品运用广泛深入。随着系统功能不断完善、市场认知度持续提升等，"贴现通"业务保持较快增长势头，在便利企业贴现、降低融资成本方面发挥了积极作用。截至2021年末，"贴现通"累计服务企业1.40万家，累计达成贴现意向突破1000亿元，同比增长195.95%。同时，线上化、智能化的"秒贴"类贴现业务创新在更大范围得到推广运用，更多企业能够享受到"线下不用跑，资金秒到账"的票据贴现服务。此外，在大力发展贴现业务的同时，商业银行积极开展票据质押融资业务，年末全市场票据质押余额达到1.12万亿元，同比增长9.70%，有效盘活企业票据资产，助力企业解决资金周转难题。

（三）转贴现交易金额增势平稳，回购交易金额增长较快

1.转贴现交易金额有所增长。2021年，全市场转贴现交易金额46.94万亿元，同比增长6.41%。其中，银票转贴现交易42.07万亿元，同比增长2.70%；商票转贴现交易4.87万亿元，同比增长54.74%。剔除内部交易，农村金融机构、

国有商业银行和城商行转贴现交易同比分别增长38.47%、24.07%和16.77%，股份制商业银行转贴现交易基本持平，资管类产品转贴现交易同比下降26.81%①。

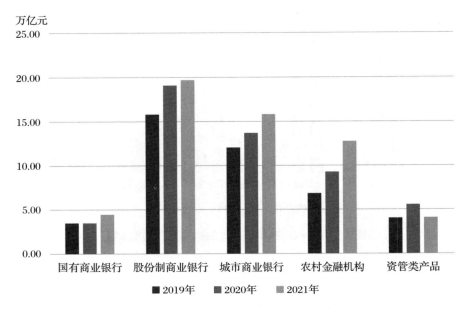

图6　2019—2021年不同类型机构转贴现交易金额变化（剔除内部交易）

2. 回购交易金额保持较快增长。2021年，票据回购交易金额22.98万亿元，同比增长14.98%。其中，质押式回购21.70万亿元，增长11.06%；买断式回购1.28万亿元，增长187.53%。经过2019年、2020年的高速发展，票据回购业务增速自然回落。分机构类型看，农村金融机构和国有商业银行回购交易金额同比分别增长33.76%和15.91%，股份制商业银行和城商行同比分别增长10.74%和6.88%②。从资金融入和融出方向看，城商行和证券公司是主要的资金融入方，国有商业银行和股份制商业银行是主要的资金融出方；农村金融机构则由上年的资金净融出转变为净融入。

---

① 分机构类型的转贴现交易金额按照买入和卖出双边统计，下同。
② 分机构类型的回购交易金额按照正回购和逆回购双边统计，下同。

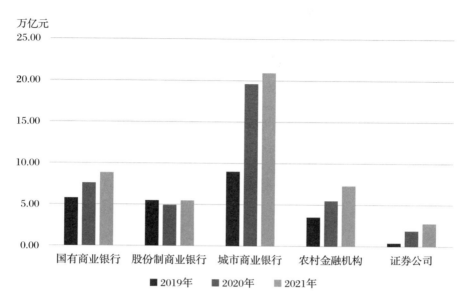

图7 2019—2021年不同类型机构回购交易金额变化

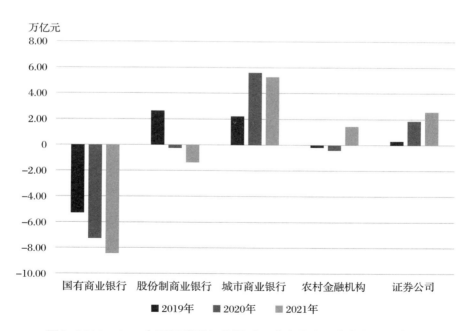

图8 2019—2021年不同类型机构通过回购交易实现资金净融入变化

（四）转贴现和贴现利率同比下降，回购利率同比回升

1. 转贴现利率有所下降，存在与同业存单利差倒挂现象。2021年，全市场转贴现加权平均利率为2.62%，同比下降9个基点。其中，银票转贴现利率为2.56%，下降9个基点；商票转贴现利率为3.16%，下降42个基点。从全年走势看，2月转贴现利率达到3.27%的年内高位，其后整体逐步走低，12月转贴现利率为1.91%，创票交所成立以来新低。同时，转贴现与同业存单的利差倒挂，且自下半年以来总体呈扩大趋势。另外，由于有效信贷需求不足、内外部考核压力加大等，年末银行转贴现买入票据特别是银票需求旺盛，带动转贴现利率大幅下降。12月，银票转贴现加权平均利率为1.76%，较上月下降44个基点。

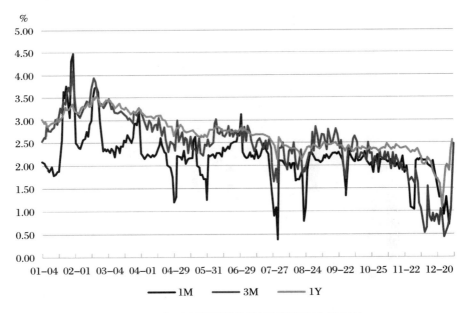

图9 2021年不同期限银票转贴现利率走势对比

2. 贴现利率同步下降，有效降低企业融资成本。2021年，全市场贴现加权

平均利率为2.85%，同比下降13个基点。其中，银票贴现利率为2.73%，下降13个基点；商票贴现利率为4.20%，下降20个基点。从全年看，贴现利率与转贴现利率走势基本一致，2月贴现利率达到3.72%的高位，其后总体呈逐步下行趋势，12月降至2.09%，创票交所成立以来新低。在贴现利率持续下行的情况下，票据贴现与一般贷款之间的利差扩大，有效降低企业融资成本。全年贴现利率较LPR（1年期）均值低100个基点，利差同比扩大7个基点，为企业节约融资成本超过1000亿元。

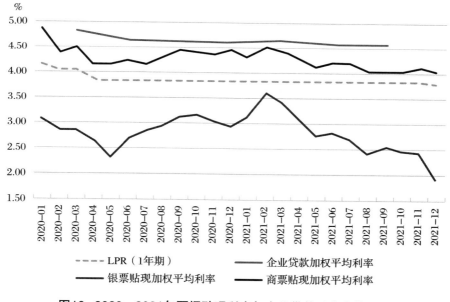

图10 2020—2021年票据贴现利率与企业贷款利率走势对比

3.回购利率同比上升，与货币市场利率走势较为一致。2021年，全市场质押式回购加权平均利率为2.15%，同比上升28个基点；买断式回购加权平均利率为2.14%，同比上升12个基点。从全年走势看，除年初、年末等特殊时点，票据质押式回购和买断式回购利率与货币市场主要利率走势较为一致。1

天期的质押式回购利率与DR001的相关系数为0.92，7天期的质押式回购利率与DR007的相关系数为0.79。

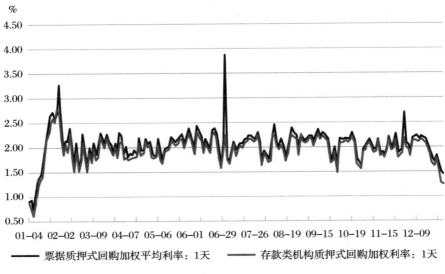

图11　2021年票据质押式回购利率（1天期）与DR001走势对比

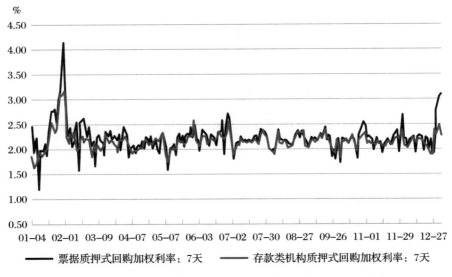

图12　2021年票据质押式回购利率（7天期）与DR007走势对比

二、票据市场服务实体经济情况

（一）企业用票保持较快增长，票据服务中小微企业导向突出

2021年，用票企业家数[①]达到318.89万家，同比增长17.72%；企业用票金额[②]达到95.72万亿元，同比增长15.75%。票据市场服务中小微企业的导向突出，有力地支持了中小微企业稳健经营、健康发展。全年中小微企业用票企业家数达到314.73万家，占比98.70%；中小微企业用票金额达到69.10万亿元，占比72.19%。同时，在票据市场业务创新加快、银行票据业务服务下沉的情况下，票据业务与中小微企业需求的契合度进一步提高，票据平均面额进一步下降。2021年，银票平均面额为80.44万元，同比下降5.83%；商票平均面额为108.57万元，同比下降12.94%。

（二）重点行业用票保障有力，有效贯彻宏观政策导向

2021年，票据市场各类主体围绕重点行业、产业链龙头企业积极创新业务模式和服务方式，有力提升票据业务与产业发展的协同性和契合度，为推动宏观经济恢复、产业结构优化等发挥了积极作用。从全年来看，全市场共有26个行业[③]实现用票金额同比增长，覆盖面达86.67%，其中，商务服务、有色金属、建筑装修等七个主要用票行业用票金额合计54.62万亿元，同比增长16.63%，增速较全市场平均增速高0.88个百分点。同时，基础科学研究、医药生物行业延续上年较快增长势头，用票金额同比分别增长29.93%和17.19%，增速较全市场分别高14.18个和1.44个百分点。

[①] 用票企业家数指报告期开展签发（承兑）、背书和贴现业务的企业家数合计数。

[②] 企业用票金额指报告期企业票据签发（承兑）、背书和贴现金额合计数。

[③] 为更清晰地刻画各行业的用票情况，在《国民经济行业分类（2017）》的基础上，我们按照最终产品类型对用票企业所属的"行业小类"进行重新归类，最终形成30个新的"行业板块"，下同。

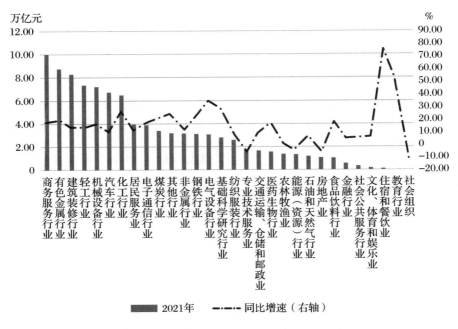

图13　2021年各行业用票金额及同比增长情况

（三）票据服务区域经济协同发展，东部地区用票增长较为突出

2021年，东部地区用票金额62.34万亿元，同比增长19.23%；中部地区和西部地区用票金额分别为15.75万亿元和13.36万亿元，同比分别增长9.14%和16.35%；东北地区用票金额4.27万亿元，同比下降5.08%。东部地区，特别是长三角和珠三角地区经济基础好、受疫情影响小，企业生产经营用票恢复较快，叠加多项票据市场产品业务创新在东部地区率先落地，票据业务与区域经济发展的协同性强，东部地区用票规模处于领先地位，在全国各地区的票据业务发展中的示范引领作用也较为明显。

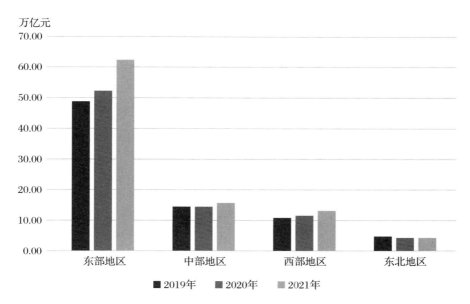

图14　2019—2021年全国不同地区用票金额变化情况

（四）商票信息披露制度顺利实施，有效优化市场生态

2021年8月1日，商票信息披露制度正式施行，票据市场信用体系建设迈出重要一步。在人民银行总行的指导及人民银行分支机构、市场成员的大力支持下，年末商票信息披露平台注册企业4.70万余家，对商票承兑企业的覆盖率达到87.66%，承兑信息披露率也由8月末的77.35%提高到年末的94.00%。市场生态得到明显改善、信用约束机制初步形成，商票流转过程中的信息不对称显著降低，商票支付和融资功能有所增强。2021年，未贴现商票的换手率[①]达到2.83，同比上升16.00%；年末商票的贴现承兑比达到38.14%，较上年同期提高6.34个百分点。

（五）供应链票据业务稳步拓展，发展成效不断显现

供应链票据是票交所落实金融供给侧结构性改革要求、促进产业链供应

---

① 票据换手率＝背书次数／（报告期末承兑张数余额－报告期末贴现张数余额）。

链有效循环、推动供应链金融创新发展的具体举措。在2020年4月推出供应链票据平台的基础上，票交所于2021年8月对平台核心功能进行了升级，截至年末，共有3000多家企业登记注册，各项业务金额合计671.63亿元。随着供应链票据平台功能的完善以及各类机构参与度的提升，供应链票据在提高企业融资可得性等方面的优势持续显现。截至年末，供应链票据贴现金额和承兑金额的比值为65.96%，供应链票据单笔贴现金额在1000万元以下的笔数占比47.96%，面额最小的为891.15元，小额票据贴现融资效率有所提高。

三、趋势展望

中央经济工作会议指出，2022年我国经济工作要稳字当头，稳中求进。近期召开的人民银行工作会议也强调稳健的货币政策灵活适度，精准加大重点领域金融支持力度。票据市场作为直接联系货币政策和实体经济的金融市场，政策传导效率高、直达性强，在稳定宏观经济运行、促进产业链供应链循环以及支持中小微企业发展等方面具有较大潜力。在新的一年里，随着新一代票据业务系统上线运行、商票信息披露制度深入推进、供应链票据等创新业务增量扩面和信息服务产品逐步向市场推出等，票据市场高质量发展将迈上新台阶，各项业务有望保持平稳增长，有力支持中小微企业健康发展，并将在构建国内国际双循环、推动实体经济转型发展等方面发挥更加重要的作用。

市场研究

探寻影响票据利率定价的关键指标

黄　霄　崔莉莉　范世成 [①]

[摘　要]　票据转贴现市场是发展迅速且利率市场化程度较高的市场。本文从票据的属性、特点出发，分析票据利率走势变化的影响因素及其可观测指标，在理论分析的基础上对票据转贴现利率的影响因素进行实证研究，研究发现票据转贴现利率与信贷需求指数、新增中长期贷款、票据融资占比、M1-M2剪刀差、上海银行间同业拆放利率、资本充足率等均有着显著的相关性；同时，票据转贴现利率的滞后值与新增中长期贷款、企业利息费用、票据融资占比、M1-M2剪刀差、PPI、10年期国债收益率、上海银行间同业拆放利率、资本充足率存在显著的相关性。这一研究结果为票据转贴现利率的定价以及预测票据市场走势提供了新的思路与方法。

[关键词]　票据市场　票据转贴现利率　票据利率定价机制

票据市场与经济发展之间有着密切的联系，是实体经济发展的重要支撑。票据在企业融资中一直处于重要地位，相比大型企业，中小企业缺乏多渠道的

---

① 黄霄、崔莉莉、范世成，供职于中信证券。

融资方式，而票据融资门槛低、灵活性强，能有效满足中小企业经营发展中所需要的资金支持。央行发布的《中国区域金融运行报告（2020）》显示，票据融资是企业除银行贷款以外占比最高的融资方式。随着金融体系、信用体系的发展与完善，票据的汇兑、支付、结算、融资、投资、交易和调控等功能得以挖掘、发挥和完善，票据的全生命周期作用逐步显现，服务实体经济的能力逐渐增强。转贴现业务可以对已贴现票据进行二次利用，增强票据市场流动性，提升机构配置票据的意愿，促进其对实体经济融资的支持力度。

近年来，票据转贴现利率的市场化程度不断提高，越来越多的投资机构开始关注票据转贴现利率的运行规律。票据转贴现利率的走势与宏观经济情况密不可分，本文由票据的属性、特点切入，分析其与宏观经济层面各因素之间的关系，并探寻这些影响因素的可观测指标，从而为票据转贴现利率的定价以及预测票据转贴现利率走势提供新的思路与方法。

一、影响票据转贴现利率定价的因素分析

票据是连接货币市场与实体经济的重要载体，同时具备信贷和资金的双重属性。根据中国人民银行在20世纪90年代发布的《贷款通则》与《商业票据承兑、贴现与再贴现管理办法》，票据贴现属于贷款的一种，贴现人应将票据贴现与转贴现纳入其贷款总量，票据的贴现和转贴现业务被赋予了信贷属性。一般来说，当信贷需求旺盛时，银行贷款额度往往会比较紧张，但考虑到贷款利率比票据贴现利率更高，银行更倾向于卖出票据而投放贷款，这一行为将会导致票据利率上行。反之，当信贷需求较弱时，银行对票据的配置需求将会增大，票据利率也将随着需求的上升而下降。

票据本质上也是一种固定收益类资产，影响其他固定收益类资产利率的因素，如经济基本面情况、监管政策调控、资金面情况等，也均会对票据利率产生影响。若经济环境向好，企业生产经营热情高涨，票据贴现需求增加，票据

利率随之上行。票据市场也是货币市场的重要组成部分，票据利率的市场化程度较高，加上票据配置机构的负债成本与货币市场资产利率直接挂钩，因此票据利率对资金利率变动也较为敏感。同时，债券市场利率与票据市场利率可能也存在一定关联。

监管政策的调整对票据市场参与者和交易行为也会产生重要影响。监管政策的变化往往带来一定时期内市场供需关系的变化，引起市场利率的调整。票据市场也不例外。

（一）信贷需求的观测指标

信贷需求指数是比较直观地观测信贷需求的指标。它是反映银行对信贷总体需求情况判断的扩散指数，由中国人民银行针对全国约3000家银行机构开展调查得出，每季度更新一次，以50%作为信贷需求的分界线。回溯历史数据可以看出，信贷需求指数与票据利率走势基本一致。更进一步，我们观察信贷需求指数和银行贷款审批指数的差值，用于近似地衡量企业信贷的"超额需求"，可以发现这两个指标与票据利率走势的相关性较高。

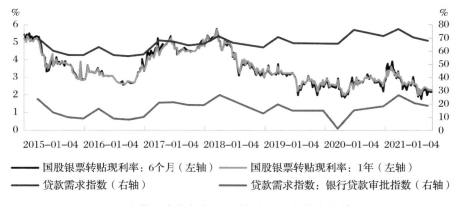

图1 信贷需求指数与票据转贴现利率的变化情况

（资料来源：Wind，中信证券）

　　贷款利率、工业企业利息费用同样可以反映信贷需求的情况。从本质上说，贷款利率是信贷供求博弈的结果：企业信贷需求相对旺盛时期，贷款利率就会有上行压力；企业信贷需求相对不足时期，贷款利率就会趋向下行。而贷款利率直接影响工业企业的利息费用。因此工业企业利息费用与贷款利率也可作为观测信贷需求走势的指标，工业企业利息费用数据频度相对更高。回溯历史数据可以看出，工业利息费用与票据转贴现利率的走势大体一致。

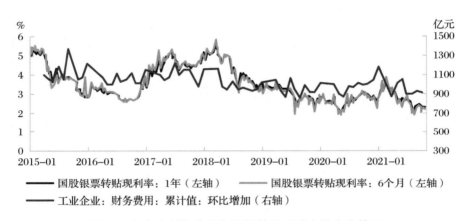

图2　工业企业利息费用与票据转贴现利率的变化情况

（资料来源：Wind，中信证券）

　　信贷增量本身也可以描述信贷需求。若近期信贷投放以需求方占主导，那么信贷绝对增量本身即可以代表信贷需求的水平。并且，由于实体经济运行具有一定的惯性，信贷需求的变化往往也是连续的，因此观察当月信贷增量本身就可以对下月融资需求进行一定的判断。信贷增量中，新增中长期贷款往往是企业为了购置机器设备、购置住房或者扩建厂房等资本性开支需求而进行筹资，通常反映经济内生增长动能的提升，因此，新增中长期贷款对信贷需求的描述更加准确。

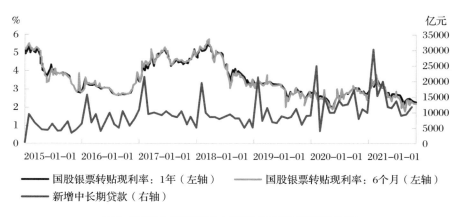

图3 新增中长期贷款与转贴现利率的变化情况

（资料来源：Wind，中信证券）

此外，票据融资占比也可以作为观测信贷需求的指标。相对其他信贷资产而言，票据流动性好但利率低。当信贷需求旺盛时，由于信贷投放利率往往高于票据资产利率，银行倾向于减少票据资产占比，增加信贷投放占比，当信贷需求较弱时，银行倾向于通过增加票据配置以弥补信贷投放的乏力，票据资产的占比随之增大。因此，票据融资占信贷总额的比例也是反映信贷需求的较好指标，票据融资占比高则表明企业的信贷需求较弱，反之，票据融资占比低则

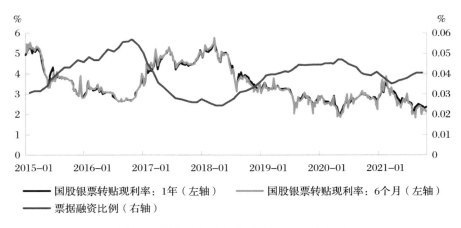

图4 票据融资占比与转贴现利率变化情况

（资料来源：Wind，中信证券）

意味着企业的信贷需求较高。回溯历史数据可以发现，票据融资占比与票据转贴现利率呈现出明显的负相关性。

（二）经济基本面观测指标

经济基本面变化对票据转贴现利率的定价影响主要体现在票据供给方面，通过改变票据市场供求结构，间接影响票据转贴现利率。票据作为企业支付结算的重要工具之一，经济基本面的变化将对企业经济往来的活跃程度产生影响，从而影响企业的开票和贴现意愿。一般而言，在经济景气度较高的时期，企业的开票意愿较强，票据的供给也随之增加；而在经济景气度较低时期，企业开票意愿减弱，票据供给减少。

PPI和PMI指数是描述经济基本面情况的重要指标。PPI衡量工业企业产品出厂价格变动趋势和变动程度，基本可以反映某一时期制造业生产领域的生产成本变化情况。当PPI上行时，可能意味着企业处于生产热情高涨时期，此时企业往往会扩大资金需求以投入生产，票据贴现的需求提高。回溯PPI与票据转贴现利率的历史数据，我们发现在2021年之前，PPI与票据转贴现利率的走势大体一致，但2021年之后的走势出现背离，这是因为2021年以来PPI的上行并

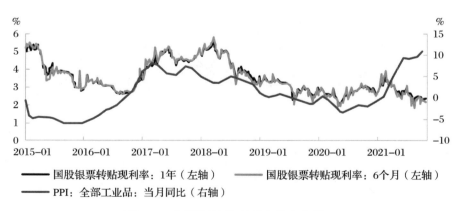

图5　PPI与票据转贴现利率的变化情况

（资料来源：Wind，中信证券）

非是企业生产热情提高所致，而是由于输入性通胀导致的原材料价格上升，反而一定程度上降低了企业生产活动的热情。

同样，PMI调查数据产生于企业采购经理根据企业经营情况的判定，也反映了经济基本面状况。当企业经营情况良好，企业生产及扩张热情高，票据贴现需求提高。从图6可以看出，PMI与票据转贴现利率走势大体一致，但票据转贴现利率的波动幅度大于PMI的波动幅度。

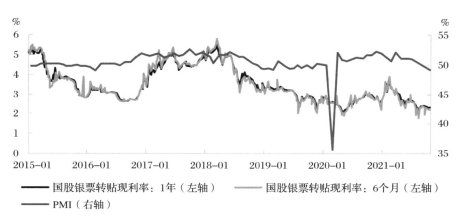

图6 PMI与票据转贴现利率的变化情况

（资料来源：Wind，中信证券）

M1-M2剪刀差也可以用来衡量企业生产活动及经济情况。M1-M2剪刀差是指M1与M2的同比增速之差，M1-M2剪刀差是非金融企业经营活跃度的重要体现。M1是狭义货币，由流通中货币、企业活期存款和机关团体部队存款组成；M2是广义货币，由M1和城乡居民储蓄存款、企业存款中具有定期性质的存款、信托类存款和其他存款组成。M2较M1所增加统计的是各种定期存款，因此M1-M2剪刀差反映了企业资金的大致期限结构和活化程度，是考察实体经济内在情况的重要指标。当M1-M2剪刀差增大时，反映了企业对未来经济环境较乐观，投入生产经营的意愿提高，对短期资金的需求增加从而引起M2向M1

的转换，相应的票据利率也会出现上行压力。另外，M1-M2剪刀差增大，企业活期存款增加，对票据贴现的需求也会降低，从而减少票据供给带来票据利率下行。实际运用中需要考虑哪种影响更大。回溯历史情况，M1-M2剪刀差与票据转贴现利率在2015—2017年的走势相反，其间由于股市下挫后部分资金回流至企业活期账户，企业资金充裕带来市场利率下行。而两者的走势在2018年以后大体一致。

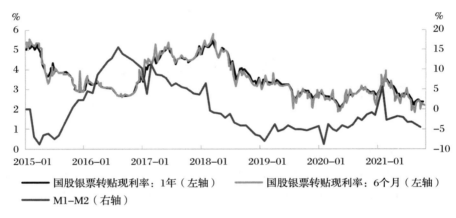

图7　M1-M2剪刀差与票据转贴现利率的变化情况

（资料来源：Wind，中信证券）

（三）票据利率与债券利率的关联性

票据本质上也是固定收益类品种，其利率与债券市场利率水平可能存在一定的关联。

一方面，票据利率与债券利率均受到资金面、经济基本面的影响，若资金面收紧，票据利率、债券利率均有上行压力；若资金面宽松，票据利率、债券利率均有下行空间。同理，若经济基本面向好，社会生产活动活跃度提高，从供需角度而言，企业的投资和经营动力提高，票据贴现需求也将提升，从而导致票据利率上行，反之则相反。

另一方面，债券利率投资者范围与票据市场投资者范围有所重合，两者均为高流动性、低信用风险的固定收益产品，具有一定的替代性，因此两个市场也可能存在跷跷板效应：如果预期债券利率下行，那么金融机构配置债券的意愿将有所增强，配置票据资产的资金额度将面临一定的挤压，票据资产需求的减少将引起票据利率上行。

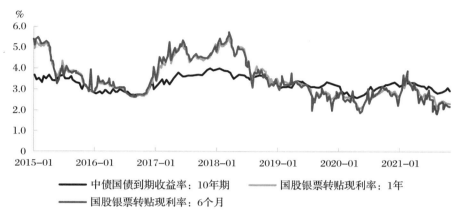

图8 10年期国债利率与票据转贴现利率的变化情况

（资料来源：Wind，中信证券）

（四）资金利率观测指标

票据的资金属性主要来自其转贴现业务和回购业务，回购业务与金融机构的负债成本直接挂钩，影响机构配置票据的意愿。同时票据转贴现利率的市场化程度较高，对货币市场资金供需情况的变化也较为敏感。

资金利率走势受货币政策影响较大，在货币政策宽松周期，资金利率呈下行走势，在货币政策收紧周期，资金利率则向上调整。存款准备金率以及超额存款准备金利率可作为反映货币政策调整方向的指标，但近年来此类货币政策工具使用频率较低。公开市场操作可作为辅助观测指标，特别是在价格方面，政策利率（逆回购利率、MLF利率等）的调整，一般会直接带动资金利率中枢发生变化，另外，公开市场操作量的变化虽然相对价格而言影响稍弱，但对于判断资金面短期的波动也有较大的帮助。

图9　政策利率与票据转贴现利率的变化情况

（资料来源：Wind，中信证券）

上海银行间同业拆放利率(SHIBOR)、质押式回购利率、同业拆借利率等均为描述货币市场资金状况的指标。票据作为投融资和交易的工具，上海银行间同业拆放利率、质押式回购利率及同业拆借利率直接影响机构投资票据的成本，从而对票据利率产生影响。取3个月SHIBOR、7天质押式回购利率和7天银行间同业拆借利率为例，我们发现这三种货币市场利率的走势基本一致，并与票据利率存在较强的关联性。

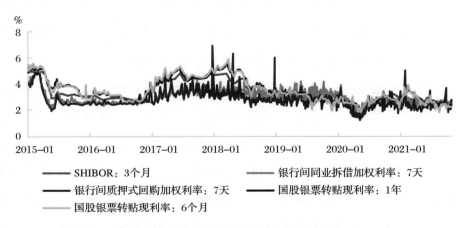

图10　货币市场利率与票据转贴现利率的变化情况

（资料来源：Wind，中信证券）

同业存单利率也是描述资金利率的良好指标。票据配置机构大多为银行，同业存单作为银行负债来源之一，其利率衡量了银行的负债成本，从负债端影响票据利率走势。相对前述资金市场利率而言，银行同业存单利率刻画了更长期限的资金成本情况。同时，银行承兑汇票是由银行作担保的到期无条件兑付的票据，信用方面与银行同业存单类似。回溯历史数据可以观察到，票据转贴现利率走势与国有和股份制银行（以下简称国股行）同业存单利率的走势高度一致。

图11 同业存单利率与票据转贴现利率的变化情况

（资料来源：Wind，中信证券）

（五）监管政策在规范行业的同时为票据利率带来波动

监管政策的调整对票据市场参与者和交易行为都会产生重要影响。一般而言，在监管相对放松的时期，票据市场预期乐观，票据利率也相对较低；在监管趋严时期，随着市场悲观情绪的发酵，票据利率也将走高。中国人民银行从2016年起对银行业的监管体系升级为"宏观审慎评估"(MPA)体系，其中的资本充足率是对票据利率影响较大的指标。

资本充足率是银行的资本总额与其风险加权资产的比例，按照当前监管的要求银行需要对票据计提风险资产，因此资本充足率考核的变化以及商业银行自身资本充足率的水平都将影响票据利率。由资本充足率的计算公式［资本充足率=（核心资本＋附属资本）/风险加权资产×100%］可以看出，为保持合理的资本充足率，商业银行需谨慎增加风险计提较高的资产。因此，在其他情况恒定的前提下，资本充足率处于低位时，商业银行偏向于增加风险权重较小的资产，或以风险权重较小的国债、地方债等资产替换风险权重较大的资产，而减少对信贷资产、票据资产等的需求，票据利率也随之走高。另外，当处于信贷需求旺盛时，银行增加企业信贷投放将带来资本充足率的下降，而同时信贷需求会挤占票据资产需求，票据利率随之走高，反之则相反。从资本充足率与票据转贴现利率的关联图中也可看出，资本充足率与票据利率大体上呈现出相反的走势。

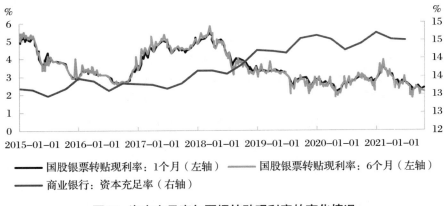

图12 资本充足率与票据转贴现利率的变化情况

（资料来源：Wind，中信证券）

从监管的角度而言，监管层鼓励票据服务实体经济需求，同时注意信用与操作风险的管控。一方面，2017年上半年银监会连续下发七个文件，均涉及落实服务实体经济需求方面的规定。进入2018年，对票据业务的强监管态势仍在延续，银保监会发布《关于规范银行业金融机构跨省票据业务的通知》，对银行业金融机构跨省票据业务进行规范，要求银行业金融机构合规稳健经营，降低跨省票据业务的信用风险和操作风险。同时，当局也加大了对真实贸易背景的审核。另一方面，在严加监管的同时，也有一系列政策鼓励票据业务发展，如印发《关于促进中小企业健康发展的指导意见》，提出加大再贴现力度，重点支持小微企业500万元及以下小额票据贴现等。票据市场对监管政策较敏感，在政策发布前后利率通常会出现不同程度的波动。例如，2016年初，风险事件频发，监管部门加强监督，监管政策纷纷出台，票据市场受此冲击交易回落，推动利率快速上行。2017年的钱荒和监管收紧、去杠杆等政策再次引发了票据利率的波动。2018年在基本面下行压力增大的背景下，政策层面对票据业务的鼓励给票据市场带来了信心，票据利率也整体下行。2020年新冠肺炎疫情得到有效控制后，政策重心回归防风险，在去杠杆的指引下，票据利率大幅上行。

表1　近年来与票据业务相关的监管政策

时间	会议或监管文件	相关内容
2015–12	《中国银监会办公厅关于票据业务风险提示的通知》（银监办发〔2015〕203号）	对7种典型的票据业务违规问题进行了提示，并给出了相应的监管要求。
2016–09	《中国人民银行关于规范和促进电子商业汇票业务发展的通知》（银发〔2016〕224号）	全面规范了传统票据业务（承兑、直贴、买断式转贴、回购式转贴）的业务操作要求和管理要求。
2018–01	《关于进一步深化整治银行业市场乱象的通知》（银监发〔2018〕4号）	银行业金融机构和各级监管机构要抓住服务实体经济这个根本，严查资金脱实向虚在金融体系空转的行为，积极贯彻新发展理念，形成金融和实体经济、金融和房地产、金融体系内部的良性循环。
2018–04	《关于规范金融机构资产管理业务的指导意见》	违法违规展业，包括未经审批设立机构并展业、违规开展存贷业务、违规开展票据业务、违规掩盖或处置不良资产等现象成为监管整治的重点。
2018–05	《关于规范银行业金融机构跨省票据业务的通知》	主要针对银行业金融机构跨省票据业务进行了界定，旨在进一步规范银行业金融机构票据业务，有效防范风险，提升服务实体经济质效。
2018–05	《商业银行流动性风险管理办法》（银保监会令〔2018〕3号）	流动性新规引入三个量化指标，其中，流动性匹配率（LMR）对于票据业务影响较大。通过票据回购业务进行期限错配以及通道类"票据资管"业务在监管要求下面临一定的约束。

续表

时间	会议或监管文件	相关内容
2019-02	国务院常务会议	社会融资总规模上升幅度表面看比较大，但仔细分析就会发现，其中主要是票据融资、短期贷款上升比较快。这不仅有可能造成"套利"和资金"空转"等行为，而且可能会带来新的潜在风险。
2020-05	政府工作报告	加强监管，防止资金"空转"套利，打击恶意逃废债。
2020-06	压降结构性存款规模	要求结构性存款在2020年9月30日前压降至年初规模，并在2020年12月31日前逐步压降至年初规模的三分之二。

资料来源：Wind，中信证券。

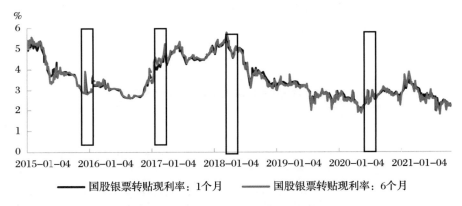

图13　监管政策对票据利率的影响

（资料来源：Wind，中信证券）

二、票据市场利率定价因子的实证研究

通过前述的分析，我们将票据市场利率定价的影响因素大致分为信贷需求情况、经济基本面情况、债券市场走势、资金市场利率、监管情况等，并对这些因素进行进一步的挖掘，总结了易于观测的关键指标，并阐述了这些指标与票据利率之间的联系。在前述分析的基础上，我们建立实证分析模型，从实证分析的角度探讨影响票据市场利率定价的关键指标。

我们在每个影响因素中选取了具有代表性的关键指标，如表2所示。

表2　票据转贴现定价影响因素和指标选取

影响因素	选取指标
信贷需求情况	信贷需求指数、新增人民币贷款、企业利息费用、票据融资占比
经济基本面情况	M1-M2剪刀差、PPI
债券市场走势	10年期国债收益率
资金市场利率	3个月上海银行间同业拆放利率
政策监管情况	资本充足率

本部分将运用实证分析探究上述指标对票据转贴现利率（取1年期国股行电票转贴现利率、6个月期国股行电票转贴现利率为代表）的实际影响。本部分所适用的数据变量的变量名以及描述性统计如表3所示。本部分所选用的数据均为月度数据（对于季度数据采用插值法转化为月度数据），时间跨度为2015年1月至2021年9月。

表3　数据描述性统计

变量含义	变量名	N	mean	sd	min	max
1年期国股行电票转贴现利率	billrate_1y	81	3.50	0.88	2.07	5.34
6个月期国股行电票转贴现利率	billrate_6m	81	3.49	0.92	1.99	5.49
1年期国股行电票转贴现利率（滞后1期）	l_billrate_1y	80	3.51	0.88	2.07	5.34
6个月期国股行电票转贴现利率（滞后1期）	l_billrate_6m	80	3.51	0.92	1.99	5.49
贷款需求指数	loan_demand	81	65.77	5.46	55.70	77.50
新增中长期人民币贷款	new_long_loan	81	9606	4719	3517	29848
企业利息费用	financial_expenses	66	1025	99	848	1358

续表

变量含义	变量名	N	mean	sd	min	max
票据融资占比	bill_proportion	81	0.04	0.01	0.02	0.06
M1–M2剪刀差	m1m2	81	0.04	6.34	−8.70	15.20
PPI	ppi	80	0.93	4.55	−5.95	10.70
10年期国债收益率	tbond	81	3.24	0.33	2.54	3.94
3个月上海银行间同业拆放利率	shibor	81	3.24	0.84	1.40	4.94
商业银行资本充足率	capital_adequacy	78	13.78	0.57	12.95	14.70

资料来源：Wind，中信证券。

根据上文描述的各项数据，我们可以对1年期以及6个月期的国股行电票转贴现利率分别建立如下定价模型，回归结果分别如表4、表5所示。

$$billrate\_1y_t = 0.013loan\_demand_t + 5.75 \times 10^{-6}new\_long\_loan_t - 0.011m1m2_t - 0.598capital\_adequacy_t - 37.676bill\_proportion_t + 0.506shibor_t + 10.708 \tag{1}$$

$$billrate\_6m_t = 0.023loan\_demand_t + 8.93 \times 10^{-6}new\_long\_loan_t - 0.009m1m2_t - 0.644capital\_adequacy_t - 29.266bill\_proportion_t + 0.602shibor_t + 9.993 \tag{2}$$

上述两个回归表达式的调整R^2均在95%以上，说明这些指标可以较好地解释票据转贴现利率的变化情况。

表4　1年期国股行电票转贴现利率影响因素的回归分析结果

Number of obs	=	78
F(6, 71)	=	310.41
Prob > F	=	0
R-squared	=	0.9647
Root MSE	=	0.17028

续表

billrate_1y	Coef.	Robust Std. Err.	t	P>|t|	[95% Conf.Interval]	
loan_demand	0.012684	0.005951	2.13	0.037	0.000819	0.024549
new_long_loan	0.000006	0.000004	1.62	0.110	−0.000001	0.000013
bill_proportion	−37.675590	5.378138	−7.01	0.000	−48.399290	−26.951890
m1m2	−0.010896	0.003692	−2.95	0.004	−0.018257	−0.003535
shibor	0.505553	0.047033	10.75	0.000	0.411771	0.599335
capital_adequacy	−0.597966	0.061476	−9.73	0.000	−0.720546	−0.475386
_cons	10.708370	0.919677	11.64	0.000	8.874584	12.542150

表5　6个月期国股行电票转贴现利率影响因素的回归分析结果

Number of obs	=	78	
F(6, 71)	=	278.86	
Prob>F	=	0	
R−squared	=	0.9587	
Root MSE	=	0.19227	

billrate_6m	Coef.	Robust Std. Err.	t	P>|t|	[95% Conf.Interval]	
loan_demand	0.022958	0.006262	3.67	0.000	0.010471	0.035444
new_long_loan	0.000009	0.000004	2.30	0.024	0.000001	0.000017
bill_proportion	−29.262170	5.690040	−5.14	0.000	−40.607790	−17.916550
m1m2	−0.008611	0.004216	−2.04	0.045	−0.017017	−0.000205
shibor	0.601597	0.055756	10.79	0.000	0.490424	0.712771
capital_adequacy	−0.644083	0.074500	−8.65	0.000	−0.792631	−0.495535
_cons	9.993941	1.161475	8.60	0.000	7.678026	12.309860

　　从回归结果可以看出，不论是1年期还是6个月期的票据转贴现利率均与贷款需求指数具有显著的正相关性，与票据融资占比具有显著的负相关性，再一

次印证了票据的信贷属性。而6个月期的票据转贴现利率同时也与新增中长期贷款具有显著的正相关性，但1年期的票据转贴现利率与新增中长期贷款的显著性相对较弱，这可能是由于短期限票据的信贷属性更强。票据转贴现利率同M1-M2剪刀差有显著的负相关性：这是由于M1-M2剪刀差增大意味着企业可用于流通的资金增加，票据贴现需求相应减少，从而带动票据转贴现利率下行。资金利率方面，3个月上海银行间同业拆放利率与票据转贴现利率存在显著的正相关性，资金利率的上行增加了投资票据的成本，票据转贴现利率随之上行。此外，资本充足率与票据转贴现利率也具有显著的负相关性，当银行的资本充足率处于低位时，意味着银行的信贷投放增多，可能会挤占对票据资产的需求，另外，由于票据资产需要计提风险资产，为满足资本充足率的要求，银行更倾向于配置风险权重小的资产，票据转贴现利率随之上行。

进一步，我们探究上述指标能否对票据转贴现利率产生一定的预测作用。我们将国股行电票转贴现利率取滞后值，可以得到以下两个回归模型，结果如表6、表7所示。

$$l\_billrate\_1y_t = -2.68 \times 10^{-4} new\_long\_loan_t - 0.018 m1m2_t - 0.693 capital\_adequacy_t \\ -64.863 bill\_proportion_t - 0.001 financial\_expenses_t - 0.465 tbond_t + 0.382 shibor_t + 16.837 \quad (3)$$

$$l\_billrate\_6m_t = -0.646 capital\_adequacy_t - 61.164 bill\_proportion_t \\ -0.028 ppi_t + 0.423 shibor_t - 0.001 financial\_expenses_t + 14.65 \quad (4)$$

表6　1年期国股行电票转贴现利率滞后项的影响因素回归分析结果

Number of obs	=	64
F(6, 71)	=	167.61
Prob > F	=	0
R-squared	=	0.9547
Root MSE	=	0.19667

续表

l_billrate_1y	Coef.	Robust Std. Err.	t	P>|t|	[95% Conf.Interval]	
new_long_loan	−0.000027	0.000014	−1.98	0.053	−0.000054	0.000000
financial_expenses	−0.000668	0.000366	−1.83	0.073	−0.001401	0.000065
bill_proportion	−64.862620	7.804897	−8.31	0.000	−80.497710	−49.227530
m1m2	−0.017724	0.005625	−3.15	0.003	−0.028992	−0.006457
tbond	−0.464588	0.200128	−2.32	0.024	−0.865493	−0.063683
shibor	0.382136	0.057294	6.67	0.000	0.267363	0.496909
capital_adequacy	−0.692897	0.077958	−8.89	0.000	−0.849065	−0.536728
_cons	16.837330	1.460941	11.52	0.000	13.910720	19.763950

表7　6个月期国股行电票转贴现利率滞后项的影响因素回归分析结果

		Number of obs	=	63	
		F(6, 71)	=	166.74	
		Prob>F	=	0	
		R−squared	=	0.946	
		Root MSE	=	0.222	

l_billrate_6m	Coef.	Robust Std. Err.	t	P>|t|	[95% Conf.Interval]	
financial_expenses	−0.001130	0.000394	−2.87	0.006	−0.001918	−0.000341
bill_proportion	−61.164250	5.161372	−11.85	0.000	−71.499720	−50.828780
ppi	−0.028268	0.007279	−3.88	0.000	−0.042843	−0.013693
shibor	0.423026	0.079009	5.35	0.000	0.264814	0.581239
capital_adequacy	−0.646003	0.068378	−9.45	0.000	−0.782927	−0.509079
_cons	14.65991	1.377323	10.64	0	11.90187	17.41795

　　从回归结果可以看出，上述自变量整体对票据转贴现利率具有较强的预测能力，模型整体的有效性仍在90%以上。信贷因素指标方面，企业利

息费用与1年期和6个月期的票据转贴现利率的滞后项存在负相关关系：这可能是因为企业利息费用的升高意味着企业的融资利率提高，抑制了企业继续进行票据贴现等融资行为的需求，从而带动次月票据利率的下行。同时，1年期与6个月期的票据转贴现利率的滞后项与票据融资规模仍存在显著的负相关关系。值得注意的是，PPI对于预测6个月期票据转贴现利率有效，但相关性为负：可能的原因与企业利息费用类似，PPI提高意味着企业生产成本上升，降低了企业继续扩张的积极性，票据贴现需求随之下降，从而带动次月利率下行。10年期国债收益率对于预测1年期票据转贴现利率也存在意义：一方面，债券利率与票据利率的影响因素相似，且债券利率上行意味着经济向好，促进票据利率的上行。另一方面，债券市场与票据市场可能存在跷跷板效应，即债券利率上行可能意味着金融机构投资债券市场的资金增加，挤占了票据市场的资金量，从而带动票据利率下行。从实证结果来看，后者对于预测票据利率的作用更明显，可能是由于前者的作用已被包含至其他的影响因子中。资金方面，3个月期上海银行间同业拆放利率与票据转贴现利率的滞后项仍存在正相关性，这是因为资金面情况往往具有连续性。

三、研究结论

研究票据转贴现利率的影响因素，旨在帮助投资者更好地对票据转贴现利率进行定价，以及预测票据市场的走势变化。

本文将影响票据转贴现利率的因素大致分为信贷情况、经济基本面情况、债券市场走势、资金市场情况及监管政策，并探索各因素中具有代表性的指标，分析各指标间的经济关系。基于理论分析，本文对票据转贴现利率与影响因素关键指标进行了相关性实证分析。我们发现，上述因素可以较好地解释票据转贴现利率的变化，具体如下：

（一）信贷因素方面

票据转贴现利率与信贷需求指数、中长期新增贷款、票据融资占比存在正向相关性，说明票据具有信贷属性。同时，企业利息费用与票据融资占比也与次月的票据转贴现利率存在相关性，可以作为预测因子。

（二）经济基本面方面

票据转贴现利率与M1-M2剪刀差存在负相关性。M1-M2剪刀差反映了企业资金的活化程度，同时也衡量企业账面资金的富余程度，M1-M2剪刀差缩窄，企业用于流通的资金减少，相应的票据贴现需求增大，利率也随之上行。而经济基本面情况往往存在延续性，因此也可用来预测次月的变化。同时，经济基本面指标中的PPI也可用于预测次月票据转贴现利率的水平。

（三）债券市场方面

10年期国债收益率在对票据转贴现利率定价时的作用并不明显，但可作为票据转贴现利率的预测因子。票据与其他债券市场品种均为固定收益类产品，影响因素相似，因此10年期国债收益率与票据利率变化可能具有同向性，但实证研究中效果并不显著，可能是因为这一作用已被包含在其他的因素中。另外，债券与票据的投资机构有所重合，因此彼此之间也存在跷跷板效应。实证结果显示，10年期国债收益率与票据转贴现利率的滞后项存在负相关性，即跷跷板效应对于预测票据利率时有一定作用。

（四）资金利率方面

票据转贴现利率与3个月期上海银行间同业拆放利率存在正相关关系。资金利率衡量出金融机构的负债成本，影响着机构配置票据资产的意愿。同时，资金面情况往往具有连续性，3个月期上海银行间同业拆放利率也可以作为预测票据转贴现利率的因子。

（五）政策方面

银行资本充足率与票据转贴现利率存在显著的负相关性。票据的配置机构大多为银行，均受到银行资本充足率的限制，票据资产需计提风险资产，因此银行资本充足率的情况也将影响票据资产的供需情况，从而影响票据利率。同时，资本充足率也可以用来预测票据利率的变化。

参考文献

[1] 杭明.票据转贴现价格的影响因素分析 [D].杭州：浙江大学，2017.

[2] 潘浩.我国银行承兑汇票贴现利率影响因素研究 [D].厦门：厦门大学，2019.

[3] 宋松松，李华.转贴现利率定价研究 [J].创新科技，2014(22):44-46.

[4] 肖小和，王亮.票据利率市场化程度的实证研究 [J].金融理论与实践，2013(7):30-36.

[5] 肖小和.中国票据市场四十周年回顾与展望 [J].金融与经济，2018(11):73-79.

[6] 许世琴.票据市场与货币政策传导的研究 [J].生产力研究，2004(7):51-52.

[7] 中国工商银行票据营业部课题组，郭伟，肖小和，等.宏观货币政策调整对票据市场利率的影响 [J].金融论坛，2014，19(6):68-75.

[8] 中国人民银行.贷款通则 [M].北京：中国金融出版社，1996.

[9] 中国人民银行.商业票据承兑、贴现与再贴现管理办法 [Z].2004.

[10] 钟俊，左志方，王成涛.票据价格的影响因素研究——基于票据的资金属性视角 [J].南方金融，2015(7):58-65.

票交所时代商票贴现效能的
量化研究

方雄平[①]

[摘　要]　在票交所时代票据市场迈入规范化发展新阶段的大背景下，本文利用2017年以来商票相关数据刻画票交所时代商票市场蓬勃发展轨迹及其周期性变化规律，并创新提出了商票贴现效能的概念，近五年来商票贴现效能呈现逐年递增态势，商票在库和直转效能分别是银票的3.35倍和4.74倍。同时，从宏观基本面、中期资金面和商票市场供需面三个层面分别引入生产价格指数（PPI）、同业存单（CD）和票融增量（PZ）等六个变量构建商票直转效能模型，利用2017年1月至2021年6月的54组月度样本数据对商票直转效能模型进行模型修正与实证分析，量化分析结果显示社融增量（SZ）、同业存单与票融增量三大监测指标对商票直转效能波动的影响因子分别为0.31、-11.29和-0.79；然后分析商票直转效能模型变量之间的因果关系和长期均衡关系，对商票直转效能进行模型预测，并根据量化分析结论对商票市场参与者提出相关建议，对商票市场发展具备一定的理论指导意义。

[关键词]　票交所　商票贴现　直转效能　量化分析

---

① 方雄平，供职于招商银行。

2016年12月8日，上海票据交易所（以下简称票交所）正式挂牌成立，引导票据市场迈入规范化发展新阶段，中国票据市场发展开启了新的篇章。五年来，票据市场呈现交易集中化、短期化、智能化和衍生化发展，银票直转利差越来越窄甚至出现倒挂现象，商票贴现业务模式灵活、授信主体多样化和高利差的优势相对突出，短期融资商票化、供应链融资商票化和商票类债券化发展趋势越来越显著，在票交所时代良好的政策和市场环境下商票贴现业务迎来新的发展机遇。各家商业银行及票据专业研究机构越来越重视对商票业务发展的研究，但由于票交所成立时间尚短、缺乏权威机构公布2017年之前的数据以及各大银行之间相关研究成果缺乏广泛的交流与探讨，目前票据研究主要针对票据或银票业务，对于商票贴现的实证研究相对较少。随着近几年商票利润在票据市场中的占比大幅提升，商票贴现效能的研究价值越来越突出，而关于商票贴现效能的实证研究相对罕见。本文在前人研究的票据理论基础上，创新提出商票贴现效能的概念，并引入社融增量、票融增量和商票贴承比等变量对商票直转效能进行量化分析与实证研究，并对票交所时代商票直转效能波动趋势进行预测分析。

一、票交所时代商票业务发展

（一）商票承兑业务发展

自票交所成立以来，商票承兑业务快速发展，商票承兑发生额和余额均呈现逐年递增态势。根据票交所披露的数据，2020年全国累计商票承兑发生额3.62万亿元，同比增长19.77%，商票承兑发生额占全部票据（银票和商票）承兑发生额的比重为16.39%，比上年上升1.55个百分点；年末商票承兑未到期余额2.29万亿元，比上年末增长24.56%，商票余额占全部票据余额的比重为16.25%，比上年末提升1.81个百分点。

2017—2020年商票承兑发生额屡创新高，2020年首次突破3.6万亿元，这得

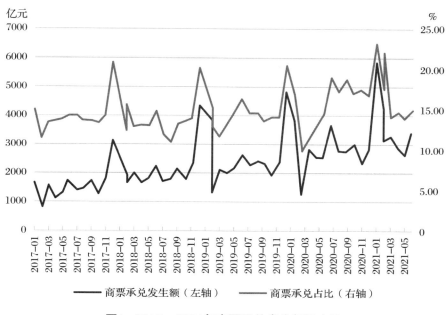

图1 2017—2021年商票承兑发生额及占比

（数据来源：上海票据交易所）

益于票交所制定的自动兑付机制的运行，很大程度上消除了商票兑付困难、兑付信息不透明的后顾之忧。从商票占比变化趋势来看，自票交所成立以来每年的12月商票承兑发生额占比均在全年达到最高峰值，每年的6月较上月均显著提升，其他月份相对较平稳，反映了企业在商品贸易往来中使用商票进行支付结算具有积极性因素，年中和年末是企业使用商票的"大月"。

（二）商票贴现业务发展

从商票贴现业务发展来看，自票交所成立以来，商票贴现业务发生额和余额均呈现逐年递增态势，商票贴承比呈现逐年下降趋势。2020年全国累计商票贴现发生额1.03万亿元，同比增长9.86%；2020年末商票贴现余额7279亿元，同比增长13.86%；2020年商票贴现发生额占全部票据贴现发生额的7.70%，较上年同期增长0.16个百分点。

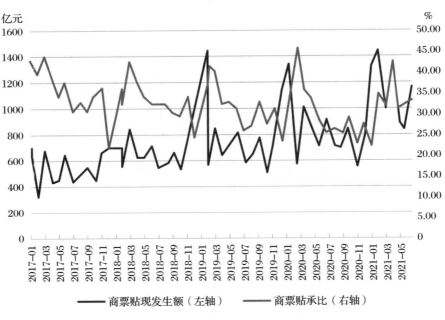

图2　2017—2021年商票贴现发生额及贴承比

（数据来源：上海票据交易所）

2020年商票发生额的贴承比为28.51%，而银票发生额的贴承比为67.03%，是商票贴承比的2.35倍，这表明大多数商票签发后仍主要在企业之间支付流转，能够进入银行贴现融资的商票占比较低。究其原因，主要为商票的授信面相对银承较窄，且其占用的经济资本（100%）是银票的4~5倍。同时，商票二级市场的流通性较差，大多数银行对商票贴现的办理意愿不高。从商票贴承比变化趋势来看，自票交所成立以来，每年的12月商票承兑发生额占比均在全年达到最低值，说明受跨年资本限额和信贷投放规模限制，商业银行年末的商票贴现意愿相较于其他月份更低。但2017年以来，商票贴现发生额总体呈逐年上升趋势，也反映出商业银行对商票贴现的意愿在逐年提升。另外，商票贴现利率与银票贴现利率走势基本一致，2020年商票平均贴现利率比银票高132个基点左右，较2019年下降32个基点，直观反映出对于兑付人或信用主体的信用溢价，且商票与银票贴现利差在缩小。

（三）商票转贴现业务发展

从商票转贴现业务来看，自票交所成立以来，商票转贴现发生额呈现逐年递增态势，2017—2020年商票周转率呈现逐年下降趋势。2020年全国累计商票转贴现发生额为3.15万亿元，较全年同期增长6.49%。2020年商票转贴现发生额占全部票据转贴现发生额的比重为7.13%，较上年同期下降0.48个百分点。

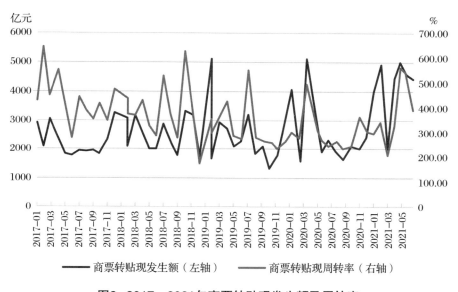

图3 2017—2021年商票转贴现发生额及周转率

（数据来源：上海票据交易所）

2019年商票转贴现周转率（商票转贴现发生额/商票贴现发生额）为314.32%，比银票转贴现周转率高3个百分点，一方面是由于票交所兑付规则变化后，使商业银行可占用贴现行的授信额度转贴买入商票，提升了商票交易流通性，也降低了经济资本成本，从而点燃了商业银行开展商票转贴现的热情；另一方面是因为商票贴现后卖出能够赚取200个基点以上的可观价差收入，部分重视非息收入增长的银行做大了商票"贴现买入+转贴卖断"规模。2017—2020年季初月份商票周转率明显高于其他月份，反映出商业银行在季初信贷投放不足时商票转贴现买入意愿较强。

二、商票贴现收益率波动分析

（一）商票贴现收益率波动情况

自票交所成立以来，商票贴现收益率呈现逐年震荡下行趋势。2020年上半年受新冠肺炎疫情冲击和货币政策等方面影响，商票贴现收益率大幅下行，加权平均利率为4.33%，同比下降73个基点，比同期银票贴现收益率高158个基点。

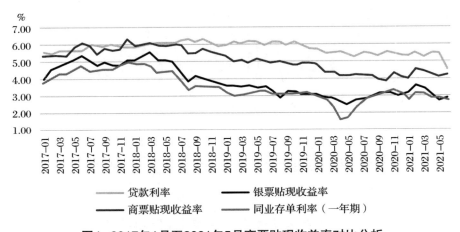

图4　2017年1月至2021年5月商票贴现收益率对比分析
（数据来源：人民银行利率监测报告）

由图4可见，商票贴现收益率与贷款利率之间的价差不断扩大，由2017年的8个基点增长至2020年的124个基点。随着商票贴现收益率的逐步下行，企业通过商票贴现替代贷款的融资需求不断增加，有利于短期融资商票化的快速发展。另外，2020年上半年商票贴现收益率与同业存单利率价差比银票同期高132个基点，且银票贴现收益率与同业存单价差不断缩窄甚至出现倒挂现象，商票贴现与银票贴现收益率之间的利差对比越来越悬殊，倒逼各大商业银行纷纷布局发展商票贴现业务。

（二）商票贴承比波动分析

商票贴承比是指商票贴现业务量与当期商票承兑业务量的比值，该比值可反映出企业商票贴现需求和商业银行办理商票贴现业务的意愿，其在一定程度上可以衡量商票贴现市场的供需变化情况。

图5　2017年1月至2021年5月商票贴现收益率与贴承比波动分析

（数据来源：上海票据交易所）

2020年第一季度受新冠肺炎疫情冲击和货币政策等方面影响，商票贴现收益率整体下行，而商票贴承比却逆势增长，说明第一季度在疫情的冲击下企业商票贴现的融资需求增加，商业银行受资金成本下降和信贷政策等影响主动办理商票贴现的意愿增加，第二季度情况正好相反。从图5中商票贴现收益率和商票贴承比的走势也可以看出，商票贴现收益率和商票贴承比之间成负相关关系。比如2020年3月随着新冠肺炎疫情得到有效控制，企业商票融资需求环比下降，商票贴承比随之下行，而商票贴现收益率反转向上。

三、商票贴现效能波动对比分析

商票贴现效能根据商票填库和转贴卖断不同用途，分为商票在库效能和商票直转效能两大类。本文中的商票在库效能是指全市场商票贴现后持有在库每个月平均产生的利润，商票直转效能是指假设商票贴现当天即卖出的前提下，全市场商票直转每个月平均产生的利润。

（一）商票在库效能对比分析

由于月中商票余额波动对商票在库效能计算影响较小且难以衡量，故本文忽略月中商票余额波动因素。受各大行商票FTP和平均剩余天数差异影响，且考虑到无法取得所有行的相关数据，本文选取某全国股份制银行的每日在库FTP作为样本，并进行月日均计算处理，测算2017年1月至2021年6月不同月份商票在库月均效能变化情况，具体测算公式如下：

$$KX=SY \times (SL-FTP)/12 \qquad (1)$$

式中，KX表示某月商票直贴在库效能，SY表示当月月末商票余额，SL表示当月商票贴现收益率，FTP表示某股份制银行当月商票加权平均资金成本。

为了更直观地反映商票在库效能的变化情况，本文通过相同的逻辑和数据处理方式测算银票直贴在库效能，并通过图表的方式对票交所成立以来商票和银票在库效能变化情况进行对比分析（见图6）。

银票在库效能整体来看高于商票，主要是由于银票在库余额远高于商票，2017年1月至2021年6月银票在库余额平均是商票的10.41倍。从图6可以看出，商票在库月均效能呈现逐年稳步提升的趋势，而银票在库月均效能波动幅度远大于商票。从票据市场业务逻辑和基础数据处理分析来看，一是商票在库加权平均利差远高于银票；二是商票贴现利率波动幅度远小于银票；三是相同金额的商票在库效能远高于银票，2017年1月至2021年6月相同金额的商票在库月均效能平均是银票的3.35倍，其中2019年12月该比值达到最高

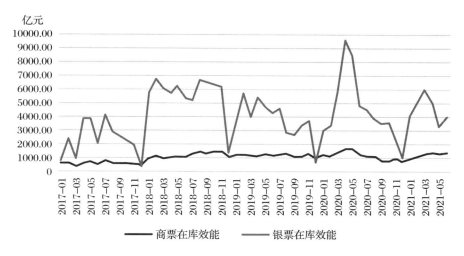

图6 2017年1月至2021年5月商票和银票在库效能变化情况

（数据来源：上海票据交易所）

峰值16.54倍；另外，从图6中可以看出，每年的12月商票和银票在库效能最接近，且2017年和2019年12月商票在库效能超过了银票。从票据市场业务逻辑来看，一是12月各行票据在库跨年FTP相对其他月份大幅提升，银票在库利差大幅缩窄；二是商票贴现利率相对较高，FTP年末波动对商票在库利差相比银票较小；三是12月各行大多已基本完成利润预算，故纷纷选择为明年提前储备高价商票资产。

（二）商票直转效能对比分析

受各大行商票平均剩余天数均有差异影响，且考虑到无法取得所有行的相关数据，本文选取某全国股份制银行的商票剩余天数作为样本，且假设商票贴现后当天即卖出，并按照票面金额进行加权平均计算，其他指标均按照月日均的逻辑进行处理，测算2017年1月至2021年6月不同月份商票直转月均效能变化情况，具体测算公式如下：

$$ZX = SF \times (SL - SS) \times 250天 / 360天 \qquad （2）$$

式中，ZX表示某月商票直转效能，SF表示当月商票发生额，SL表示当月商票贴现收益率，*SS*表示当月商票转贴现卖断利率，250天是指以某股份制银行商票平均剩余天数的样本数据。

为了更直观地反映商票直转效能的变化情况，本文采用相同的逻辑和数据处理方式测算银票直贴在库效能，并通过图表的方式对2017年以来商票和银票直转效能变化情况进行对比分析（见图7）。

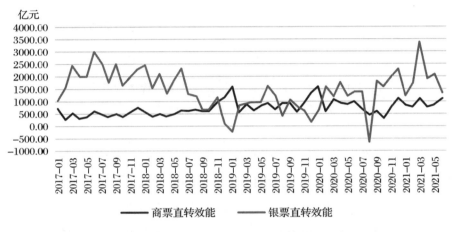

图7　2017年1月至2021年5月商票和银票直转效能变化情况

（数据来源：上海票据交易所）

票交所成立以来，银票贴现的月均发生额是商票的11.26倍，但银票直转效能仅为商票的1.82倍。从图7可以看出，商票直转月均效能呈现逐年稳步提升的趋势，而银票直转月均效能波动幅度远大于商票。从票据市场业务发展逻辑来看，一是商票直转利差远高于银票；二是商票贴现和转贴现利率波动幅度均小于银票；三是相同金额的商票直转效能远高于银票，2017年1月至2021年6月相同金额的商票直转月均效能平均是银票的4.74倍，其中2019年12月该比值达到最高峰值27.86倍；另外，从图7中可以看出，银票直转效能在2019年1月和2020年8月出现负数，说明近几年银票直转利差在逐步缩窄，在这两个月的月均直转利差为负，2019年其中有一半的月份商票直转效能均超过了银票直转效能，且商票直转效能与银票的比值显著优于商票在库效能对应的比值。因此，受商票直转效能远优于银票和银票直转利差继续缩窄甚至出现倒挂等因素影响，近三年以来各大商业银行均加大力度布局商票贴现市场。

四、商票直转效能模型构建及修正

（一）变量选取与模型设定

本文主要从宏观经济基本面、中期资金面和短期商票市场供需面三个层面对商票直转效能波动的影响因子进行量化分析。宏观经济基本面主要选取变量居民消费价格指数（CPI）和生产价格指数（PPI），中期资金面主要选取变量同业存单（CD），短期商票市场供需面主要选取变量票据融资增量（PZ）、社会融资增量（SZ）和商票贴承比（TC）七大量化指标监测商票直转效能变化，由于地缘政治和监管政策等外部因子无法量化，故本文用随机扰动项 μ 来表示外部影响因子，同时考虑到六大变量指标数据周期、口径的一致性，本文将商票直转效能量化模型初步设定为

$$Y = C_1 + C_2 CPI + C_3 PPI + C_4 CD + C_5 PZ + C_6 SZ + C_7 TC + \mu \qquad （3）$$

式中，Y 表示当月商票直转效能，C 表示变量的常数项，μ 表示外部影响因子随机扰动项。

（二）模型修正与数据描述

本文对2017年1月到2021年6月票交所官网、人行利率监测报告和国家统计局数据按月度分别对居民消费价格指数（CPI）、生产价格指数（PPI）、一年期同业存单利率（CD）、票据融资增量（PZ）、社会融资增量（SZ）和商票贴承比（TC）六个变量进行数据统一口径处理，并根据商票直转效能量化模型（3），通过计量经济学软件Eviews10.0导入2017年1月到2021年6月共54组月度样本观测数据，可导出多元线性回归结果如图8所示。

```
Dependent Variable: ZX
Method: Least Squares
Date: 10/26/21  Time: 15:55
Sample: 2017M01 2021M06
Included observations: 54
```

Variable	Coefficient	Std. Error	t−Statistic	Prob.
CD	−103.3024	45.51467	−2.269650	0.0279
PZ	0.055692	0.013502	4.124869	0.0002
SZ	0.012053	0.002610	4.617966	0.0000
TC	−424.5545	526.3785	−0.806557	0.4240
CPI	20.67465	23.19571	0.891314	0.3773
PPI	2.940539	11.21251	0.262255	0.7943
C	859.7519	234.7414	3.662548	0.0006
R−squared	0.637129	Mean dependent var		725.2375
Adjusted R−squared	0.590805	S.D. dependent var		291.5977
S.E. of regression	186.5301	Akaike into criterion		13.41549
Sum squared resid	1635294.	Schwarz criterion		13.67332
Log likelihood	−355.2181	Hannan−Quinn criter.		13.51492
F−statistic	13.75379	Durbin−Watson stat		1.198163
Prob (F−statistic)	0.000000			

图8 多元线性回归拟合模型估计参数

根据上述Eviews导出结果，可得多元线性回归方程：

$$Y=859.75-20.67 \times CPI+2.94 \times PPI-103.30 \times CD+0.06PZ+0.01SZ-424.55TC+\mu \tag{4}$$

式中，CPI表示当月居民消费价格指数同比增量，PPI表示当月生产价格指数同比增量，CD表示当月一年期同业存单利率，PZ表示每月票据融资增量，SZ表示每月社会融资增量，TC表示每月商票贴现量与承兑量的比值。

由于多元线性回归方程（4）中的变量CPI、TC和PPI的t统计量所对应的$p>20\%$，利用Eviews10.0选择以显著性水平p值作为判别依据、设置检验水平为1%进行自动逐步回归，可通过计量经济学软件Eviews10进行量化回归，导出修正后的多元线性回归结果如图9所示。

```
Dependent Variable: ZX
Method: Least Squares
Date: 10/26/21  Time: 15:30
Sample: 2017M01 2021M06
Included observations: 54
```

Variable	Coefficient	Std. Error	t-Statistic	Prob.
CD	−108.2227	33.83466	−3.198576	0.0024
PZ	0.059959	0.012688	4.725763	0.0000
SZ	0.011578	0.002501	4.629300	0.0000
C	797.1177	152.5784	5.224317	0.0000
R-squared	0.627390	Mean dependent var		725.2375
Adjusted R-squared	0.605034	S.D. dependent var		291.5977
S.E. of regression	183.2584	Akaike into criterion		13.33086
Sum squared resid	1679183	Schwarz criterion		13.47819
Log likelihood	−355.9332	Hannan-Quinn criter.		13.38768
F-statistic	28.06291	Durbin-Watson stat		1.241615
Prob (F-statistic)	0.000000			

图9　修正后的商票贴现收益率波动模型参数值

根据图9中Eviews导出结果，可得如下多元线性回归方程：

$$Y = 797.12 - 108.22 \times CD + 0.06 \times PZ + 0.01 \times SZ \tag{5}$$

$$\text{s.e.} = （152.58）（33.83）（0.01）（0.00）$$

$$\text{P} = （0.0000）（0.0024）（0.0000）（0.0000）$$

$$\text{R}^2 = 0.63 \qquad \text{Prob（F-statistic）} = 0.0000$$

式中，CD表示当月一年期同业存单利率，PZ表示每月票据融资增量，SZ表示每月社会融资增量。因此，利用2017年1月至2021年6月月度样本数据对计量模型（4）用逐步回归法进行修正，可得修正后的商票直转效能量化模型为

$$Y = C_1 + C_2 CD + C_3 PZ + C_4 SZ + \mu \tag{6}$$

式中，Y表示当月商票直转效能，C表示各变量对应的常数，μ表示外部影响因子随机扰动项。

（三）量化模型的预测分析

量化预测是建模的目的之一，本文为了更加准确地了解商票直转效能的波

动趋势，主要运用VEC模型对各时间序列进行静态预测分析，模型预测结果导出如图10所示。

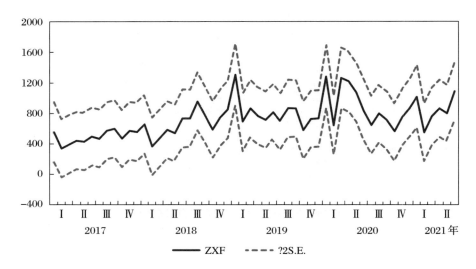

图10 商票直转效能量化模型走势预测

图10中实线表示因变量的预测值，上下两条虚线给出的是近95%的置信区间。回归的MAPE值为18.62，说明该多元线性回归模型的预测精度相对较高，商票直转效能模型预测值也十分接近真实值。

五、商票直转效能模型实证分析

（一）单位根检验

为了避免上述模型分析中可能出现的伪回归，我们在进行格兰杰因果检验以及协整分析之前，利用Dickey和Fuller（1981）提出的考察残差项序列相关的ADF检验法对各个变量进行单位根检验，以确定原变量序列的平稳性。

利用计量经济学软件Eviews10.0依次对三大变量进行单位根检验，检验结果具体如表1所示。

表1　模型中各变量的单位根检验结果

变量	检验类型	ADF检验	1%	5%	10%	结论
	（C，T，L）	统计量	临界量	临界量	临界量	
Y	（C，0，0）	-1.94	-3.56	-2.92	-2.60	I（1）
CD	（C，0，0）	-1.41	-3.56	-2.92	-2.60	I（1）
PZ	（C，0，0）	-1.88	-3.56	-2.92	-2.60	I（1）
SZ	（C，0，0）	-2.57	-3.56	-2.92	-2.60	I（1）
ΔY	（C，0，1）	-10.41	-3.56*	-2.92**	-2.60***	I（0）
ΔCD	（C，0，1）	-5.17	-3.56*	-2.92**	-2.60***	I（0）
ΔPZ	（C，0，1）	-8.72	-3.56*	-2.92**	-2.60***	I（0）
ΔSZ	（C，0，1）	-4.82	-3.56*	-2.92**	-2.60***	I（0）

注：（1）检验形式（C，T，L）分别表示单位根检验方程中包括的常数项，时间趋势和滞后阶数；（2）*、
、*分别表示在1%、5%和10%的显著性水平下拒绝原假设，即时间序列是平稳过程。

表1中的单位根检验结果表明，时间序列Y、CD、PZ和SZ都是非平稳序列
I（1），经过一阶差分后，ΔCD、ΔPZ、ΔSZ以及ΔY在1%显著性水平下均为
平稳序列I（0），因此，本文在设置1%显著性水平的情况下，各时间序列均为
一阶平稳序列。

（二）格兰杰因果检验

格兰杰因果关系实质上是利用了VAR模型来进行一组系数显著性检验。格
兰杰因果关系可以用来检验某个变量的所有滞后项是否对另一个或几个变量的
当期值有影响。为了判断CD、PZ、SZ和变量Y之间是否存在因果关系，从而判
断将变量加入模型的必要性，我们需要对这四个变量进行格兰杰因果检验。由
单位根检验，我们知道在1%显著性水平下各变量时间序列均为一阶平稳，由于
格兰杰因果检验只能对平稳序列进行，因此我们对各时间序列的一阶差分进行

格兰杰因果检验。又因为格兰杰因果检验对设定的滞后阶数比较敏感，所以我们在对CD、PZ、SZ和变量Y之间进行因果关系检验之前，要利用AIC和SC准则对不同滞后期的检验结果进行评价，以确定各变量的滞后阶数。

利用计量经济学软件Eviews10.0依次对CD、PZ、SZ和变量Y之间进行因果关系检验，检验结果具体如表2所示。

表2　模型中各变量的格兰杰因果检验结果

检验项目	obs	Chi-sq值	P值
CD不是Y的原因	51	4.9133	0.0050
Y不是CD的原因	51	2.0114	0.1262
PZ不是Y的原因	51	3.8108	0.0367
Y不是PZ的原因	51	0.6521	0.5859
SZ不是Y的原因	51	8.6847	0.0001
Y不是SZ的原因	51	2.7463	0.0542

从VAR模型的统计显著性检验结果可以看出，反映资金面的一年期同业存单利率（CD）以及反映商票市场供需的票融增量（PZ）和社融增量（SZ）的变动是商票直转效能（Y）变动的Granger原因，其中P值分别为0.0050、0.0367和0.0001，可见Granger原因在置信水平5%下均是非常显著的，同业存单利率（CD）、票融增量（PZ）和社融增量（SZ）的滞后期能够非常显著地解释或者预测商票直转效能的变化情况（Y）。而反过来并不成立，即商票直转效能（Y）的变动并不是同业存单利率(CD)、票融增量（PZ）和社融增量（SZ）变动的Granger原因，即商票直转效能（Y）的滞后期不能够解释或者预测同业存单利率（CD）、票融增量（PZ）和社融增量（SZ）的变动，这种检验结果和商票市场的理论预期是高度一致的。因此说明，从中短期来看，反映资金面的同业存单利率（CD）、反映商票市场供需的票融增量（PZ）和社融增量（SZ）变

量是研究商票直转效能变化的最重要变量，将这三大变量引入量化模型中是非常必要的。

（三）协整检验

格兰杰因果检验表明变量CD、PZ、SZ和变量Y之间存在着一定的因果关系，但因果关系很大程度上受到滞后期数的影响，因此本文有必要确定这些变量之间是否存在长期均衡关系。由ADF单位根检验，我们知道在1%置信水平下，变量指标CCD、PZ、SZ和Y均为一阶平稳序列，这表明可以进行协整检验，因此本文通过对时间序列作协整分析来确定它们之间是否存在长期的稳定关系。我们根据AIC最小化原则选择协整滞后区间为滞后1期，运用Johansen-Juselius检验对五个变量的时间序列进行协整分析，利用最大特征值以及迹统计量进行协整个数检验。

原假设None下计算的迹统计量的概率P为0.0000，可以拒绝该原假设，认为至少存在一个协整关系；下一个原假设At most 1表示最多有一个协整关系，该假设下计算的迹统计量的概率P为0.0606，因此，本文认为在5%置信水平下，CD、PZ、SZ和变量Y之间存在1个协整关系，经标准化后的协整关系式如下：

$$Y = -11.29CD - 0.79PZ + 0.31SZ \qquad (7)$$

从协整方程（7）中，我们不难发现时间序列间存在着协整关系，系数符号均符合理论预期，若CD上升1%，则Y下降11.29%；若PZ每上升1%，则Y下降0.79%；若SZ上升1%，则Y将上升0.31%，这表明反映中期资金面的同业存单利率（CD）和反映商票市场贴现需求的票融增量（PZ）的波动对商票直转效能均具有较强的负向影响；而反映商票市场供给的社融增量（SZ）的波动对商票直转效能具有较强的正向影响。

（四）向量误差修正模型

协整关系只能说明各个解释变量之间的长期均衡关系和趋势，但无法明确

CD、PZ、SZ和变量Y之间的相互关系，本文基于变量之间存在的协整关系，进一步建立将短期波动与长期均衡联系在一起的向量误差修正模型（VECM），从而明确它们之间存在的影响是正向、逆向或者是双向的。本文通过计量经济学软件Eviews10.0对时间序列设定VAR Specification，并输出VECM模型结果，在VEC模型中协整关系表达成误差修正项的形式为

$$\text{Coint}EQ1 = -CD - 0.0780PZ + 0.01922SZ + 8.4760 \qquad (8)$$

该误差修正项的表达式与Johansen协整检验中得到的协整关系式系数的正负向是一致的，只是在Johansen协整关系中加入常数项，导致系数估计值略有差别。VEC模型中的解释变量不是原序列而是原序列的差分序列（以D表示），因为原序列是非平稳序列，差分后平稳保证了VEC模型的整体稳定性。VEC模型的解释变量是各个因变量的滞后项，这与VAR的结构完全相同，根据输出结果本文的VEC模型为

$$\Delta Y_{t-1} = [-0.05, -6.42, 22.86]\,\text{Coint}EQ_{t-1} + \Delta Y_{t-1} + \Delta Y_{t-2}$$
$$+ \Delta Y_{t-3} + \theta + \varepsilon_t \qquad (9)$$
$$\Delta Y_t = [D(CD), D(PZ), D(SZ)]$$

六、研究结论与策略建议

（一）研究结论

本文利用2017年1月至2021年6月的月度指标共54组样本数据，刻画了自票交所成立以来商票业务的发展轨迹，创新提出商票贴现效能的概念，同时引入社融增量、票融增量和同业存单等六大变量对商票直转效能模型进行实证量化研究，并对票交所时代商票直转效能波动趋势进行预测分析。结论具体如下：一是2017年以来，商票承兑、贴现、转贴现业务发生额及商票占比均呈现显著的逐年递增趋势，且商票承兑、贴现和转贴现业务变化均呈现较强的季节周期性；二是银票贴现收益率与同业存单价差不断缩窄甚至出现倒挂，商票贴现与

银票贴现收益率之间的利差对比越来越悬殊，倒逼各大商业银行纷纷布局发展商票贴现业务；三是商票在库和直转效能均呈现逐年稳步提升的趋势，商票在库和直转效能分别是银票的3.35倍和4.74倍，且商票效能波动幅度均远小于银票；四是社融增量、票融增量和同业存单与商票直转效能显著相关，而商票贴承比、居民消费价格指数和生产价格指数与商票直转效能的相关性在1%检验水平下不显著；五是从实证分析结果来看，反映中期资金面的同业存单利率（CD）和反映商票市场贴现需求的票融增量（PZ）的波动对商票直转效能均具有较强的负向影响，即CD每上升1单位，则Y下降11.29单位；PZ每上升1单位，则Y下降0.79单位。而反映商票市场供给的社融增量（SZ）的波动对商票直转效能具有较强的正向影响，即SZ上升1单位，则Y将上升0.31单位。

（二）策略建议

针对上述研究结论，对于商票市场参与者相关策略建议如下：第一，目前商票业务均呈现较强的月末、季末和年末的周期性变化，建议人行、票交所和票据相关监管机构逐步消除或弱化票据信贷属性，缓解年中或年末信贷规模不足为企业带来的商票融资难问题，逐步熨平月末商票市场波动；第二，商票直转效能是银票的4.74倍，且商票效能占比逐年提升，建议各大银行和非银行金融机构提前布局商票贴现和转贴现市场；第三，年中和年末是企业使用商票的"大月"，而这两个时点银行贴现意愿却相对较弱，为实现商票利润最大化，建议部分银行及非银机构可适当腾挪规模在这个两个关键时点通过直贴或转贴买入商票；第四，建议各机构重点监测CD、PZ和SZ三大重点指标，并参考向量误差修正模型滞后项来预测分析未来一段时间内的商票直转效能的波动趋势；第五，建议持续关注商票直转效能预测值变化，并根据其预测值变化及时调整商票贴现和交易策略，通过提前调节商票仓位和期限结构等方式实现超市场预期的收益。比如，商票直转效能在未来一段时间预测值增加，则可通过增加商票资管余额、适当降价引导企业通过商票贴现融资和转贴买入长期商票资产的三种商票交易模式增加商票持票规模，同时通过直贴或转贴买入长期限商票和转贴卖断短期票（含托收票）拉长商票资产加权平均剩余期限，在商票直转效能预测值反转时卖长期商票减仓实现超市场预期的收益。

参考文献

[1] 汤莹玮，吴小蒙．商票在供应链金融中的应用 [J]．中国金融，2019 (5).

[2] 肖小和，王文静．新时代票据业务服务实体经济高质量发展 [J]．金融与经济，2020 (5).

[3] 汪武超，林竹青，王鹏程．票据利率分析方法及量化预测模型 [M]．// 中国票据研究中心．中国票据市场研究（2020 年第 2 辑）．北京：中国金融出版社，2020.

[4] 王琳．票交所时代的票据市场展望 [J]．全国流通经济，2017 (4).

[5] 江西财经大学九银票据研究院课题组．新的变化趋势下如何推进票据市场的发展 [EB/OL]．https://mp.weixin.qq.com/s/01v6e_xVPqqkgpt9TLqxew，2017－06－29.

[6] 李明昌．我国票据市场发展出现"四化"趋势 [N]．上海证券报，2017－01－15.

宽信用进程下票据市场指标的前瞻性研究

于 飞 王 玥 戴倩雯[①]

[摘 要] 本文从信用分析框架分析出发，复盘最近两次宽信用周期经济发展特点、宽信用相关货币政策和财政政策及政策推进过程中金融市场表现。在此基础上，重点分析了宽信用进程中票据市场各项指标及其领先意义。据此预测了本轮宽信用的发展进程，并提出相关政策建议。

[关键词] 宽信用 票据 实体经济 领先指标

中国经济进入高质量发展的新阶段，面对日益多变的国内外环境，宽信用政策成为平抑经济波动、提升内在增长动能的重要手段。尤其是近几次宽信用周期，宽信用政策逐渐转变为以优化经济发展结构、精准解决实体经济发展难题和痛点为政策目标。当前市场对宽信用的研究分析，主要侧重于选取债券、股票、房地产和大宗商品等大类资产作为研究对象，而弱化了对与实体经济密切相关的金融产品的分析。

---

① 于飞、王玥、戴倩雯，供职于中国邮政储蓄银行。

票据作为货币市场重要金融工具具有信贷和资金双重属性，一方面，作为支付结算工具，直接支持实体经济，与企业经营发展连接紧密；另一方面，作为金融市场的重要组成部分，其信贷属性成为银行金融机构优化资产质量的重要手段，其供需关系所表现出的价格波动同时受到资金面和流动性影响。本文通过分析2015—2016年和2018—2019年近两次宽信用进程，发现票据的量价指标及市场特点对宽信用政策起效及经济发展具有明显的先导观察意义，尤其是对经济景气度具有明显的指示意义。尤其是在2016年12月票交所成立后，票据市场逐步规范化、标准化，交易的安全性得到了极大的保障，伴随供应链票据、绿色票据等创新型票据产品的广泛应用，票据服务中小微企业、为企业提供资金支持的功能将进一步得到强化，在政策传导上发挥更为积极的作用，与经济共振的特征将更为凸显。

一、宽信用与信用分析框架

宽信用泛指在系列政策配合下，金融机构开始加速向实体投放信用。一般来讲，信用投放是实体增长的领先指标。从历史经验看，后续实体经济企稳的前提是金融机构开始向实体注入更多的资金。通常意义的信用分析主要涉及人民银行、金融机构以及实体经济单位三类主体。在供给端，央行调控流动性，将基础货币投放给金融机构；金融机构获得基础货币后，通过信用派生机制影响实际货币供应量，为实体经济提供信用供给。需求端涉及政府部门和非政府实体企业两部分。理想的宽信用状态是政府部门和非政府实体企业的信用需求同步提升，当非政府实体企业需求不振时，往往需要政府部门通过扩大信用需求来托底。此外，应将监管因素纳入分析和考量范畴。在从供需两端进行信用分析时，可以采用以央行为起点、以金融系统为疏通渠道、以政府部门和非政府实体企业为主的分析方法，并在供需两端考虑监管因素的影响。

二、服务实体经济是票据高质量发展的本源，其与宽信用政策改善实体经济结构性问题的目标具有内在关联性

目前大多数宽信用分析侧重于选取债券、股票、房地产和大宗商品等大类资产作为研究对象，考察其在宽信用政策落实前后的波动和走势，进而推断宽信用真正起效的时点。但伴随国家供给侧结构性改革不断推进，信用环境的调整以促进实体经济发展和维护金融稳定为前提，实体经济增速的企稳、宽信用的拐点的确认与起效的观察指标应该是那些与实体经济生产、经营联系更加紧密的金融工具和产品。

在货币市场中，票据市场是与企业经营发展密切相关的子市场。票据的支付、结算、融资、调控、投资和交易等多个功能也有了新特征，但是其服务实体经济的本质没有发生改变，尤其是对于扶持中小企业发展、为中小企业提供金融服务支持的地位愈加显著。2016年，央行强调要加快建立全国统一的票据市场业务体系，在此背景下，票交所成立，这为我国票据业务深化改革提供了有力的支撑。2020年企业用票金额合计为82.7万亿元，随着电票便利性和安全性提高，票据在企业中的接受度逐渐提升。全国使用票据的企业270万家，同比增长11%，其中小微企业用票金额44.03万亿元，占比53.24%；小微企业用票家数250万家，占比92.59%，票据市场对企业的覆盖面得以扩大。

三、近两次宽信用周期下，票据市场相关指标先导意义逐渐加强

（一）2015—2016年宽信用周期及市场表现

2015年中国经济步入"新常态"，经济增长减速，产业结构调整面临一

定的压力，过剩产能造成的经济发展矛盾较为突出。固定资产投资产能过剩与供给侧结构性改革推进对投资形成约束，传统企业经营利润空间相对收窄，固定资产投资边际收益率持续下滑，导致经济主体投资实体经济积极性下降，2015年全年固定资产投资同比增长10%，较2014年降低5.7个百分点。另外，消费整体增速放缓、进出口增速下降，贸易顺差3.7万亿元，比上年扩大56.7%。

为了缓解经济下行压力，改善企业经营环境，拉动社会融资需求，货币政策、财政政策及相关产业政策持续发力。一是货币政策加速宽松。央行自2015年3月1日起先后五次下调贷款及存款基准利率，其中一年期贷款及存款基准利率分别累计下调1.25个百分点，至4.35%和1.5%。九次引导公开市场7天期逆回购操作利率下行，较2015年初下降160个基点，引导货币市场利率平稳下降。通过对国开行等政策性银行进行注资，增强服务实体经济能力。二是财政政策减税降费。2015年扩大财政赤字至2.3%，进行地方政府债务置换，通过推进PPP加快基础设施建设，加大对小微企业减税力度，扩大减半征收企业所得税的小微企业范围。三是供给侧结构性改革带动投资。2015年开始提出供给侧结构性改革政策，尤其是加强了对于房地产去库存的支持，通过利率、税收等优惠政策刺激房地产。四是融资渠道得到拓展。2015年证监会修订了公司债券发行规则，扩大发行主体，丰富发行方式，简化发行审核，极大扩展了企业融资渠道。

1. "宽信用"政策下的市场表现。受益于社会资金供给需求的两端激活，经济逐步地由紧信用向宽信用转变。资金供给方面，货币政策的持续宽松以及股市、债券市场交替繁荣为非标治理所产生的紧信用作了有效补充，同时，银行理财等资管业务的发展，源源不断为股市和债市的发展提供资金，从而使紧信用向宽信用进行了有效过渡。资金需求方面，通过财政减税、拉动基础设施建设、刺激房地产以及进行供给侧结构性改革，实现了经济增速的回升。

图1 社融与M2同比增幅

（数据来源：Wind）

在这一轮宽货币＋宽信用周期中，债市收益率走势与M2、社会融资规模增速走势相反。随着宽松货币政策的持续进行，社会流动性较为充裕，但是受限于非标治理以及宏观经济增速下降，企业融资需求回调，资产荒来临，社会资金快速流向资管业务，尤其是银行理财规模快速做大，但是资金投向成为难题，这时期资金更多流向资本市场。政策下发初期，货币市场受货币政策影响更大，反应速度相较于中长期国债更快。存单收益率自2015年3月下旬开始大幅下降，AAA存单3M收益率从4.69%一路下行到2.75%，5月中旬起价格水平逐步稳定，维持窄幅波动。中长期国债收益率明显存在时滞，慢牛行情持续到2016年3月。2016年6月起社融企稳，逐步进入"宽信用"时期，债券收益率也逐步接近拐点，10月中下旬起，利率债收益率先于信用债收益率触底反弹。

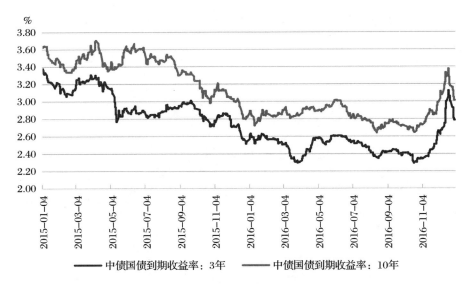

图2 中长期国债收益率走势

（数据来源：Wind）

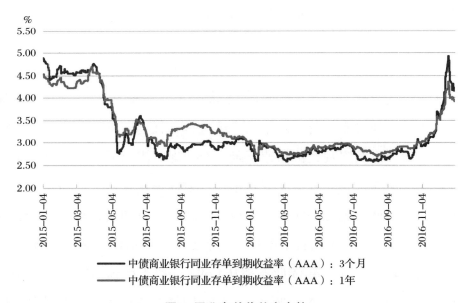

图3 同业存单收益率走势

（数据来源：Wind）

2. 票据市场波动与宽信用供需双方及监管环境特点紧密关联。2015年至2016年票据市场走势呈现三个特点。一是承兑、贴现业务发展趋缓。受经济下行压力和实体经济有效资金需求不足影响，票据承兑业务从快速增长转变为与经济新常态发展更加适应的增速。2015年，企业累计签发商业汇票22.4万亿元，同比增长1.3%。2016年，企业累计签发商业汇票18.1万亿元，同比下降19.3%。二是票据交易活跃度先抑后扬。2015年，票据融资余额总体增长较快，年末比年初增加近1.7万亿元，占各项贷款的比重为4.9%，同比上升1.3个百分点。2016年初风险事件频发，监管部门加强监管，监管新政纷纷出台，外部检查、内部自查接连不断，票据市场交易略有回落，但总体仍保持平稳发展。三是票据利率先降后升。多重因素共振，影响票据交易市场价格进入下行通道后伴随宽信用效果显现，价格止跌回升。以半年期买断市场价格为例，利率从2015年4月初5.20%左右开始下降，进入5月跌破4%后票据价格一路下行，至2016年7月中旬进入票据转贴现价格的"2"时代。下降态势一直延续至2016年11月，自年底开始小幅企稳，并于2016年底开始止跌反涨。

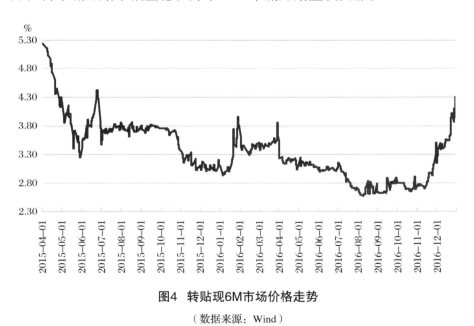

图4　转贴现6M市场价格走势

（数据来源：Wind）

3.票据市场相关指标对宽信用进程的信号意义。从票据表内增量来看，票据贴现纳入贷款统计，当经济缺乏上行动能，实体经济信贷需求不足，银行出于信贷考核冲量、降低经营风险的需求，有动力冲量票据。往往表内票据融资趋势上行阶段，与经济景气下行相对应。

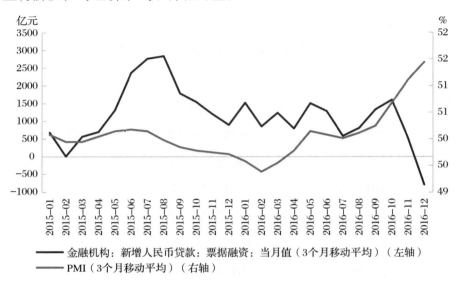

图5 票据融资与PMI走势

（数据来源：Wind）

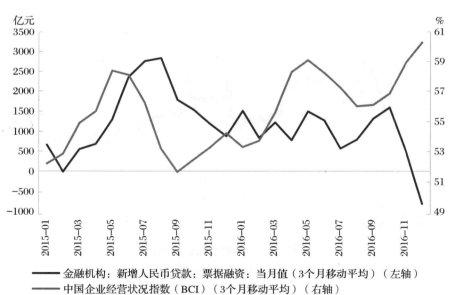

图6 票据融资与企业经营状况

（数据来源：Wind）

通过将2015年及2016年票据融资与PMI及中国企业经营状况指数进行比对，可以发现，在2015年至2016年上半年，PMI下行趋势明显，与此同时银行表内票据融资一直维持高位。随着经济形势好转，2016年下半年PMI指数在荣枯线以上，处于扩张阶段，企业经营状况持续好转，而同期票据融资金额不断下滑。

银行承兑汇票为中小企业缓解短期生产经营压力，反映实体经济活跃度，而银行表内票据融资往往与经济景气呈反向关系；未贴现银行承兑汇票，则反映实体企业融资需求，对经济景气程度具有正向指示意义。

图7 未贴现银行承兑汇票与PMI走势

（数据来源：Wind）

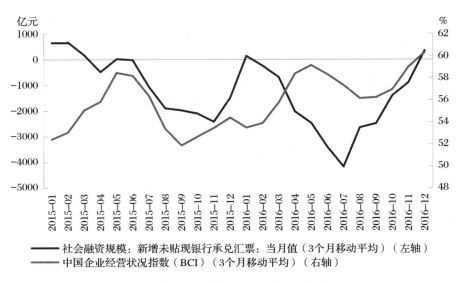

图8 未贴现银行承兑汇票与企业经营状况

（数据来源：Wind）

通过将2015年及2016年未贴现银行承兑汇票与PMI及中国企业经营状况指数进行比对，可以发现，未贴现银行承兑汇票与两个经济领先指标总体呈同方向变动。2015年全年PMI都呈现收缩态势，未贴现银行承兑汇票同步下行，反映出实体疲软，经济活动不活跃，企业开票意愿下降的经济特征。随着2016年6月社融企稳，未贴现银行承兑汇票与经济领先指标同步上行。

票据融资与经济领先指标在某些时间段存在背离，部分原因是受金融监管影响，抑制了企业正常开票需求。2015—2016年，伴随国内实体经济风险暴露、问题向金融领域传递，部分行业和地区潜在信用风险事件增多，金融业态进入深度重构期，尤其是在2015年"股灾"之后我国开启金融强监管路径，以委托贷款、信托贷款、未贴现银行承兑汇票为代表的非标融资受限。新增未贴现银行承兑汇票在2016年1月起断崖式下跌，与上行的经济领先指标走势不匹配。

票据价格指标方面。一方面，票据转贴现作为银行资金融通的工具，与同业存单利率高度相关；另一方面，票据转贴具有信贷调节功能，因此在票据冲规模的时点，两者会出现利差。

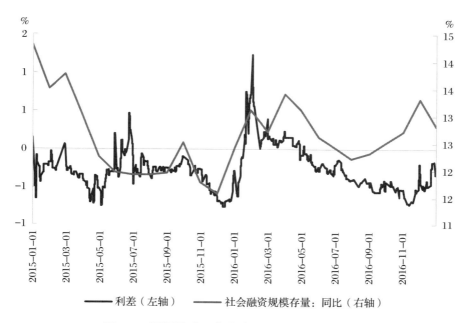

图9 6M票据转贴—存单收益差与社融趋势关系

（数据来源：Wind）

比较2015年至2016年票据转贴与同期AAA+存单收益率差值与社融同比走势，可以发现两者具有较强的正向关系。社融处于低位，票据发挥信贷补充作用，银行配置票据需求增加，票据较存单收益率下行，反之则相反。

（二）2018—2019年宽信用周期及市场表现

2017年至2018年上半年，在严监管、非标治理等政策引导下，金融去杠杆逐渐传导至实体经济去杠杆，同时结构性去杠杆政策、社融数据存在低估以及紧信用的负反馈等因素都在快速加剧信用收缩。2018年下半年国内经济形势表现为中国经济基本面走弱，内需放缓，消费、投资不及预期。2018

年中国经济GDP增速呈逐季走低态势，全年实际增速6.6%，名义增速累计同比为9.7%。投资方面，2018年全年固定资产投资增速5.9%，较2017年降低2.27个百分点；规模以上工业增加值同比增长6.2%，较2017年降低0.4个百分点；基建投资增速3.8%，为历史低点。消费方面，受到汽车和房地产相关消费增长拖累，社会消费品零售总额同比增速回落1.2个百分点至9%。进出口超预期表现强劲，受中美贸易摩擦影响，"抢跑"推高了部分月份的进出口，2018年11—12月有所回落。

货币政策方面。连续三次降准，释放长期资金，加大银行放贷支持实体经济；通过窗口指导以及调整MPA系数放松考核，鼓励金融机构购买低等级债券以及放贷；放松资管新规实施的具体要求，放缓非标投资的缩减速度，在2020年底前均匀缩减非标信用供给；人民银行等五部门联合发布支持小微企业的政策，深化对于小微企业的金融服务。财政政策方面。从2018年1月1日起，将享受减半征收企业所得税优惠政策的小型微利企业年应纳税所得额上限从50万元提高到100万元；将高新技术企业和科技型中小企业亏损结转年限由5年延长至10年，减轻企业创新税收负担。2018年7月23日，国务院常务会议定调财政政策更加积极，通过减税等支持小微企业发展，通过加快组建国家融资担保基金，支持小微企业融资，加快重要基建项目建设。

1. "宽信用"政策下的市场表现。从经济数据表现来看，社融等关键指标明显改善落后于政策实施后的6~12个月。2019年1月后，表外融资占比出现跳跃性增长，2月末大幅回落。结合第一季度数据来看，2019年1—3月社融增量累计达8.18万亿元，同比增加2.32万亿元，同比增速达39.7%。1—3月表外融资累计占比较上年同期提高了3个百分点，表明逆周期调控力度加强，表外金融去杠杆力度减弱，主要贡献力量是表外未贴现银行承兑汇票新增1366亿元，较2018年同期增加1689亿元。表外融资边际改善迹象明显。从信贷投放来看，2019年3月新增人民币贷款1.69亿元，同比多增加5700亿元。其中中长期贷款11178亿元，短期贷款及票据融资8373亿元，分别较上月多增加3825亿元和8130亿元，较上年同期多增加2793亿元和5631亿元。

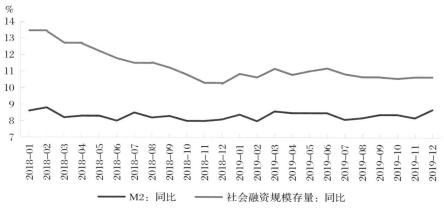

图10 信贷投放情况

（数据来源：Wind）

本轮宽信用周期中，由于处在严监管环境下，政策从去杠杆到稳杠杆，影子银行被压住，金融市场主要表现为城投适当补位、地产严、企业债券融资放宽、政府债券扩容、非标萎缩，企业贷款承担助力。货币市场利率在2018年6月开始显著下行。受央行连续降准的影响，银行间货币流动性处于较高水平，Shibor隔夜利率自2018年6月起震荡下行，AAA存单3M收益率从4.48%一路下行到2.28%，随后在低位波动。在3月经济数据超预期反弹背景下，3月末至4月下旬长端利率上行约30个基点。与上一轮宽信用周期不同的是，长端利率也未出现趋势上行，2019年内长端利率维持区间震荡状态。

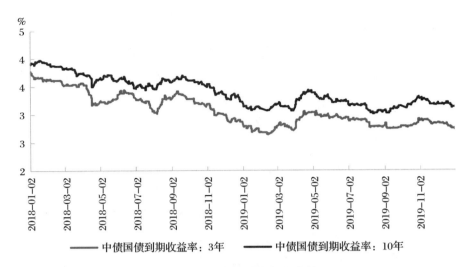

图11 中长期国债收益率走势

（数据来源：Wind）

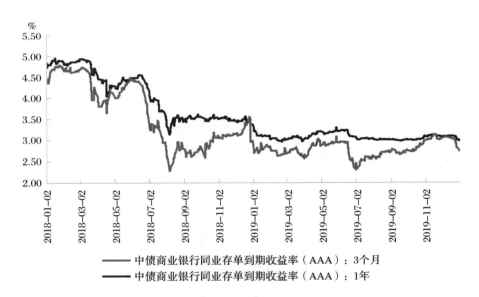

图12 同业存单收益率走势

（数据来源：Wind）

2.票据市场服务实体经济的效用显著提升，宽信用政策下价格指标传导意义更为突出。票据市场方面，2018—2019年票据市场在经历严监管治理、电子化进程加速发展后显示出了勃勃生机，其作为支持实体经济支付结算和融资的重要工具的地位举足轻重，承兑、贴现量保持较高水平增长，二级市场交易规模呈现震荡走势。如2018年第一季度，受监管强化影响，金融机构加强票据业务管理，强化风险资本计提要求，票据交易发生额环比下降12.16%；第二季度，受资管新规影响，暂停票据资管业务，票据交易环比下降9.98%；第三季度，在宽信用政策引导下，"稳就业、稳金融、稳外贸、稳外资、稳投资、稳预期"政策效果逐渐显现，票据交易活跃度有所企稳，交易环比增长3.57%；第四季度则又小幅回落。2019年，票据市场各项业务仍呈现增势。特别在金融机构风险偏好下降、有效信贷需求不足的情况下，票据支持实体经济发展、解决民营中小微企业融资难、融资贵问题的功能得到进一步强化，在货币政策传导上发挥了积极作用。

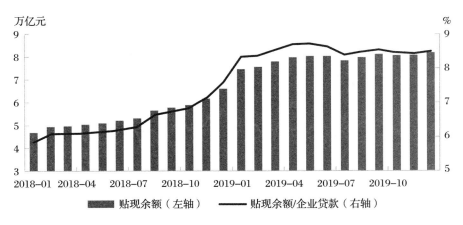

图13 票据贴现余额与其占企业贷款比重

（数据来源：Wind）

图14　1Y国股电银收益率曲线

（数据来源：Wind）

3. 票据市场相关指标对宽信用进程的信号意义。2018—2019年表内票据融资与PMI和中国企业经营状况指数负向关系较2015—2016年更加明显。随着

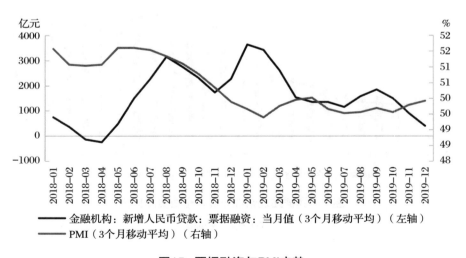

—— 金融机构：新增人民币贷款：票据融资：当月值（3个月移动平均）（左轴）

—— PMI（3个月移动平均）（右轴）

图15　票据融资与PMI走势

（数据来源：Wind）

2018年经济下滑，表内票据融资持续走高并维持高位，银行以票冲贷特征明显。随着2019年企稳，票据融资规模持续下降。

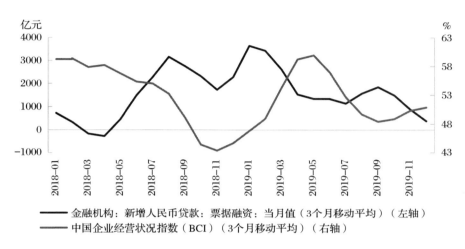

图16 票据融资与企业经营状况

（数据来源：Wind）

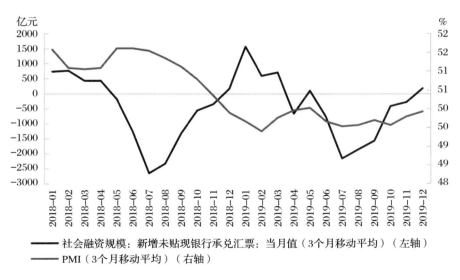

图17 未贴现银行承兑汇票与PMI走势

（数据来源：Wind）

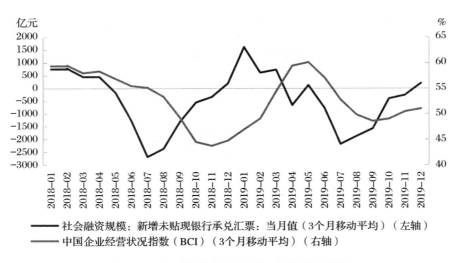

图18 未贴现银行承兑汇票与企业经营状况

（数据来源：Wind）

2018年，未贴现银行承兑汇票与经济领先指标走势存在偏离。一方面，由于对影子银行的监管趋严，限制非标投资，表外融资占比迅速下滑；另一方

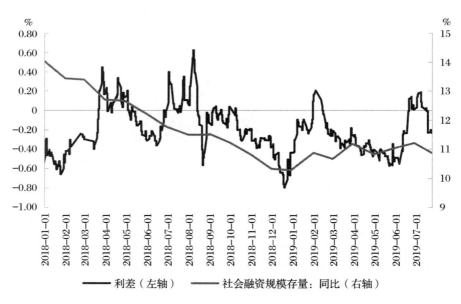

图19 6M票据转贴—存单收益差与社融趋势关系

（数据来源：Wind）

面，受监管强化影响，金融机构加强票据业务管理，强化风险资本计提要求，扰动了出票量。2019年，随着票据市场规范化、稳健化，表外票据融资与经济领先指标同方向振动走势凸显。票据支持实体经济发展、缓解中小微企业经营资金压力的功能进一步强化。

从图19可以发现，2018—2019年票据转贴与存单收益差与社融增速在大部分时间段存在明显的正向关系。2018年第二季度，随着社融增速下降，票据收益率较存单收益率持续下行；而2019年第一季度社融逐步企稳后，票据转贴收益率相对存单小幅回升。

四、票据市场波动将成为本轮宽信用进程重要先导性指标

自2021年下半年以来，海外宏观经济形势复杂多变，输入性通胀压力显著，国内疫情后经济恢复发展结构的不平衡不稳固问题叠加恶劣天气、疫情反复等短期扰动因素，加上基数效应影响，经济下行压力在下半年开始显现。人民银行第三季度例会中新增了"增强信贷总量增长的稳定性"的表述，可见2021年初以来信用持续收缩，已经引起人民银行的关注。从下半年同业存单利率上行所表现的资产荒基本结束来看，地方债发行提速已经有所成效。中央政治局会议指出，积极的财政政策要提升政策效能，合理把握预算内投资和地方政府债券发行进度，推动2021年底2022年初形成实物工作量。随着财政政策积极发力，可能带动基建以及相关产业的融资需求抬升，银行也有望获得更多优质项目，从而带动贷款增长动能；同时，配合对于绿色工具、小微企业、区域协调发展的政策支持，以及近期央行强调的再贷款等工具，也有望带动信贷投放整体增长。此轮宽信用将从政府债发行提速开始，后续则由信贷逐步发力拉动社融继续增长。

通过复盘前两次宽信用路径不难看出，2015—2016年的宽信用始于票据冲量，随后棚改货币化等带动房地产复苏，居民长贷和政府债券大幅扩张；2018

年末至2019年宽信用初期，仍然是票据冲量，政策从去杠杆到稳杠杆，影子银行被压住，企业贷款和债券融资成为信用扩张的主力。

现阶段，货币政策稳字当头，不会构成对宽信用的制约，而融资渠道整体畅通，融资主体才是核心环节。但与前两次不同的是，本次地产和城投将不会明显成为宽信用的承接载体，全方位的、全量的、趋势性的宽信用转变成为局部的、结构性的信用环境调整。

（一）结构性"宽信用"预期下金融走势分析

社融方面，由于本轮宽信用预期引发之前只经历一次降准，降准资金用于置换MLF和补充流动性，对比前两次宽信用周期，政策引导不及过去。究其原因或因经济表现未出现失速下行、动能尚存，经济调整着眼点在结构而不在总量的提升。预计后市在经济增长回归潜在增速的过程中，社融将缓慢企稳回调。利率走势方面，从预期引导—政策出台—社融拐点—利率拐点的角度分析，历次宽信用周期第一次降准到社融出现反馈一般在2~3个季度。在紧信用到社融拐点的过程中，利率仍是以波动为主，伴随政策实施到起效，经济逐渐恢复活力、企业融资意愿提升、融资渠道疏通、银行资产荒问题得到缓解，逐渐给国债利率带来上行压力。但需要注意的是，本轮宽信用周期处于后疫情时期的特殊环境之中，所面临的国内外宏观经济金融环境更加复杂、要解决的问题也更加多面，这对判断本轮宽信用周期下对经济金融形势添加了较多扰动因素。

（二）票据市场基础设施建设完备，票据与实体经济相关性增强，使其成为宽信用进程更重要的观测指标

从前两次宽信用周期来看，票据市场规模整体呈现稳增长趋势，但在个别时点受到监管政策影响会出现波动。票据融资的表内规模在宽信用伊始会出现明显的补位信贷的情况，但至宽信用政策初现成效时，该占比将稳

定在一定区间窄幅波动，其以票冲贷的压力有所减轻。尤其是2021年上半年，企业用票金额上升到47.5万亿元，其中小微企业用票金额规模进一步上升，达到34.7万亿元，占比73%；中小微企业用票234.6万家，占比更是达到了98.7%。2021年9月1日，国务院常务会议要求引导金融机构开展票据贴现和标准化票据融资，显示出决策层更加重视票据在支持中小微企业发展过程中的积极作用，票据市场发展的外部环境将继续改善，票据市场服务实体经济功能有望得到进一步发挥。信贷结构优化的直接体现是信贷投放资金期限开始短期化向长期贷款转变。所以观测表内票据增速趋势将对观测宽信用进程和拐点具有前瞻意义。另外，在观察票据市场利率方面，票据作为实体经济便利高效的融资工具，电子化程度近100%，利率波动的频度越来越高。同时，其敏感地反映了当下实体经济融资需求的强弱与银行配置资产的余缺情况。

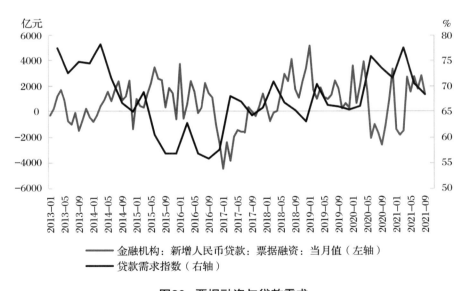

图20 票据融资与贷款需求

（数据来源：Wind）

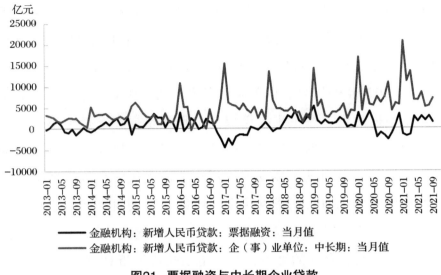

图21　票据融资与中长期企业贷款

（数据来源：Wind）

五、宽信用环境下票据业务发展政策建议

（一）提高票据支付结算功能的效用

票据市场在支持实体经济发展尤其是中小微企业发展方面具有覆盖面更广、支持力度更强、更经济的优良特性，是小微和民营企业可获得性最强的金融产品。票据的支付结算功能作为其基本功能之一，依托近年来票交所推出的以支付结算功能为核心的多样化的创新产品，应在宽信用环境中发挥更大作用。依托供应链金融、商业承兑汇票、票据平台建设、绿色金融发展建立支付更加便捷、高效的机制，同时把握风险防控，扩大支付服务面，通过票据的支付结算，深挖更多企业金融服务需求。

（二）发挥票据的交易和投资功能，加速票据市场周转

票据市场是货币市场的重要组成部分，具有联通性强、交易投资活跃、参与主体丰富等优势，票据高流动、快周转的特征，有助于企业以较低的成本获

得融资。2021年前三季度，票据市场累计交易53.45万亿元，同比增长近10%。除去发挥票据市场传统产品的交易活跃度之外，宽信用环境下应更加关注以核心企业为中心的上下游中小民营企业融资痛点问题，建议以供应链票据作为切入点，充分发挥票据在供应链使用场景中的天然优势，要通过供应链票据+标准化票据的"双票驱动"模式推动电子商业承兑汇票发展，不断拓宽企业投融资途径。

（三）加速推进应收账款票据化，缓解实体企业经营压力

截至2020年末，我国工业企业应收账款净额达到16.4万亿元，实体经济应收账款高企，资金固化现象严重。应收账款确权难、债权债务关系不透明、还款期限不固定、对债务人缺乏刚性约束力、流动性差、缺乏专门法律保护等缺陷。其多重弊端导致增加了实体经济尤其是中小企业的债务负担。而票据本质上是企业销售商品或提供劳务服务后获得的应收账款类债权，是在商业信用普遍发展的基础上，为确保债权债务关系落实而产生的。票据具有流通性强、利于债权保护、账期固定、融资成本低廉、配套法律法规及基础设施健全等优势。

下一步，应充分利用票交所提供的供应链票据平台，引导企业和金融机构在平台上开展更为深入和广泛的票据业务合作，共同推动应收账款票据化。为上下游企业带来更低成本的融资方式和更大的利益空间。随着应收账款票据化程度的提高，不仅能够有效防范和解决"三角债"问题，推动商业信用的规范化发展，也更有利于维护宏观经济秩序。

（四）发挥好票据再贴现货币政策工具，通过绿色票据再贴现业务精准扶持绿色产业发展

2020年以来，人民银行投放1.8万亿元再贴现再贷款额度，用于支持抗疫保供、复工复产和中小微企业等实体经济发展。2021年8月末，再贴现余额

5864.21亿元，同比增长32%。票据的使用可以通过信用手段支持实体经济发展，达到票据货币化支付的目的，既解决了企业资金需求，又没有实际投放货币。尤其是在现阶段宽信用进程中，不以大水漫灌的形式增加全市场货币供应量，通过再贴现能更有效地传导货币政策意图，实现"精准滴灌"，为中小微企业提供资金支持，是传导货币信贷政策、减少货币投放、调整资金结构的有效手段。

未来，在国家经济发展和结构调整重点扶持的绿色企业金融服务方面，再贴现业务可以发挥更大作用。开展绿色票据再贴现业务，可以更好地解决绿色产业及项目因前期投入大、技术相对不成熟、投资回收期长、风险较高等发展难题。一是通过发展绿色票据，较好地满足绿色企业的资金支付与短期融资需求，降低绿色企业的短期融资成本，进一步完善绿色产业领域内的多层次融资体系；二是通过绿色票据再贴现业务可以有效传导央行货币及信贷政策，提高商业银行办理绿色票据业务的积极性，引导商业银行信贷投放从传统的高耗能行业转而支持绿色企业和绿色项目，调节商业银行内部信贷资产结构，加强银行信贷资金对绿色经济的支持。为绿色产业、绿色企业、绿色项目提供低成本政策资金支持，助力国家实现"双碳"目标绿色产业发展的战略意图。

参考文献

[1] 郝亚娟，张荣旺.发挥票据四大功能 赋能中小微企业融资[N].中国经营报，2021-11-01 (C08).

[2] 肖小和，李紫薇.从近现代我国票据市场发展简史思考进一步发挥票据功能作用[J].杭州金融研修学院学报，2021(9):50-54.

[3] 张芮敏.我国票据市场支持实体经济发展的思考[J].当代会计，2021(7):125-126.

[4] 吴秋君.宽信用的传导过程及大类资产的表现[J].债券，2019(7):44-50.

[5] 陈健恒，韦璐璐，东旭，等．票据市场的进阶之路——票据分析框架，2021-09-09（证券研究报告）．

[6] 高瑞东，刘文豪．票据融资如何充当经济晴雨表，2021-10-17（证券研究报告）．

[7] 明明，章立聪．从票据与存单的利率分化看宽信用进程，2021-10-11（证券研究报告）．

调整票据信贷考核的影响路径分析

毕妤娉　谢　晟[①]

[摘　要]　票据因其信贷属性成为银行调节信贷规模的重要工具，关键时点票据利率时常大起大落，叠加历史上各类为"消规模"而进行的违规业务创新，导致监管政策失效和市场风险集聚。因此，关于调整现有信贷规模考核口径、剥离票据信贷属性的讨论不绝于耳。根据216号文要求，目前票据贴现、转贴现纳入信贷总量考核，票据承兑不纳入。若调整考核口径，将承兑纳入考核，贴现后票据资产剥离信贷属性，虽然考核口径更为宽泛，能有效减少极端利率波动和违规金融创新，但同时带来中小企业融资难度增加、票据市场结构性冲击、跨产品风险溢出等负面影响，并不利于票据市场平稳健康运行。本文对各信贷规模考核方案逐一对比分析，发现每个方案均有利弊，简单调整现有方案又会导致其他问题出现。因此，坚持票据服务实体经济发展的总目标，建议维持现有方案不变，通过完善基础设施、提高市场透明度、强化监管等方式，规范金融机构行为，改善或消除原方案的负面影响，共同助力票据市场稳健发展。

[关键词]　票据　考核口径　信贷属性　实体经济

[①] 毕妤娉，供职于南京银行；谢晟，供职于广州银行。

2016年12月，上海票据交易所成立，票据市场开启了规范化、标准化、集中化发展的新篇章。2020年，票据市场业务总量超过148万亿元，其中票据交易量达64.09万亿元，较2017年增长22.83%，市场影响力持续扩大。[①]2020年票据承兑量22.1万亿元，超过了同期限同业存单发行量19万亿元，成为货币市场的重要子市场。

票据同时兼具了资金属性和信贷属性，是企业支付结算与融资的重要工具，也是商业银行管理资产负债的重要手段。历史上，商业银行处于宏观调控、盈利增长、资本充足率等多重考核压力下，以票据作为调节信贷总量和结构的重要工具，促使市场衍生出农信社或同业户回购过桥、票据信托、票据理财、票据资管等系列违规业务创新，导致票据市场风险集聚，引发了监管的极大关注。因此，关于调整现有信贷规模考核口径的讨论不绝于耳，监管部门也曾组织过专题调研，但考核口径的变更对票据市场影响深远，金融机构对此争议颇大，口径调整宜缓不宜急。

一、现有票据考核口径存在的问题

根据《商业汇票承兑、贴现与再贴现管理暂行办法》（银发〔1997〕216号）第二十二条，贴现人应将贴现、转贴现纳入其信贷总量，并在存贷比例内考核。现有信贷考核口径为：票据贴现、转贴现纳入信贷总量考核，票据承兑不纳入。该考核口径使得票据成为商业银行迅速调节信贷规模的重要工具，关键时点会引发票据价格剧烈波动，以"消规模"为目的的违规创新层出不穷。

（一）信贷规模调剂导致票据利率极端波动

票据利率的大幅波动与信贷规模调节有着密切联系。每年第一季度，商业

[①] 参见《以票据交易机制创新推动票据市场高质量发展》，载于上海票据交易所官网，五周年专栏。

银行开展信贷投放"开门红"活动，贷款集中投放导致票据规模相对紧张，足年国股转贴现利率往往高于同期限、同信用主体发行的同业存单利率。在信贷投放相对较弱的第二、第三季度，票据又成为商业银行补充信贷规模的重要工具，足年国股转贴现利率与同业存单利率倒挂的现象时有发生。例如2020年6月末（关键考核时点），1个月期限国股承兑票据的转贴现利率涨至4.00%，而同年7月末（信贷投放不足），1个月期限国股承兑票据的利率跌至0.01%，仅一个月的时间，票据利率波动近400个基点。

图1　2021年足年国股票据转贴现利率与国股同业存单利率走势

（数据来源：Wind）

（二）票据违规"创新"屡禁不止

受资产规模、风险资本等约束，商业银行表内持有的票据资产规模受限，但在业绩考核压力下，部分机构无视政策风险和利率风险，通过各种违规业务"创新"，扩大表外票据规模。历史上回购过桥、双卖断等业务模式，都是在信贷规模紧张或票据收益率较高时，商业银行通过表面与第三方交易，实则暗地与第三方签订"回购"条款，腾挪信贷规模至表外。这些"创新"行为一定程度上导致了信贷规模统计失真，影响货币政策效果。

二、票据信贷规模考核路径的选择

票据的生命周期中大致分为承兑、贴现与转贴现三个节点，三个节点分别纳入信贷考核和不纳入信贷考核两个选择，若不考虑合理性，则有八条考核路径。如果承兑纳入信贷口径为A_1，承兑不纳入信贷口径为A_2，贴现纳入为B_1，贴现不纳入为B_2，转贴现纳入为C_1，不纳入为C_2，路径选择依次见表1。

表1　考核口径路径选择

$A_1B_1C_1$	×	$A_2B_1C_1$	√
$A_1B_2C_1$	×	$A_2B_2C_1$	×
$A_1B_1C_2$	×	$A_2B_1C_2$	√
$A_1B_2C_2$	√	$A_2B_2C_2$	×

标叉的路径暂不讨论，主要是基于两个原则：一是A和B不能同时考核，否则会出现考核双算的情况；二是由于C是B的后端，所以只有B先纳入考核，C才能考虑是否纳入。剩下三个选项最终回归于以下三个递进的问题：

一是承兑是否要纳入信贷考核，是全额还是敞口纳入？

二是若承兑纳入信贷考核，贴现是否要剔除？

三是若贴现纳入信贷考核，转贴现是否要剔除？

（一）承兑是否应纳入信贷考核

根据《中华人民共和国票据法》，承兑是指汇票付款人承诺在汇票到期日支付汇票金额的票据行为。承兑按照信用类别不同，又可以分成银行承兑和商业承兑。

对于银行承兑，银行为承兑申请人作出了到期无条件支付确定金额给收款人或持票人的承诺，该承诺属于银行的或有负债，只有在出票人确无足够资金兑付时，银行才会履行付款义务。而银行在承兑商业汇票时，会综合考虑承兑申请人的资质，要求承兑申请人提供必要的担保，常见的做法是承兑保证金、存单或结构性存款质押及其他抵（质）押措施。

对于商业承兑，到期无条件付款承诺是由金融机构以外的付款人作出的，承兑人通常是出票企业本身或集团上级单位。商业承兑汇票在贴现之前，其签发承兑及背书流转，体现的都是企业之间的债权债务关系。

社会融资规模是央行货币政策的中介目标，衡量的是一定时期内（每月、每季或每年）实体经济从金融体系获得的资金额，而信贷规模则衡量了银行机构对企业的资金支持力度。因此，在票据承兑端，只有银行承兑在定义上符合央行信贷规模考核的初衷。根据《中华人民共和国票据法》，出票人是票据到期偿付的第一责任人。对承兑行来说，银票承兑是或有负债，只有在出票人无力兑付的时候，承兑行才需要履行到期兑付责任，故将承兑纳入信贷考核还面临考核口径的选择。

1.商业承兑纳入信贷考核缺乏实操性。商业承兑汇票的签发、承兑均系企业自发行为，市场上较难获得其商票总量、承兑余额等业务数据。为完善商业信用体系，贯彻人民银行关于规范商业汇票信息披露的要求，提高商票市场的安全性和透明度，2021年8月票交所上线了商业汇票信息披露平台。因平台上线时间不长、推广力度不足，目前仍有大量企业尚未注册披露，监管部门难以据此获得全市场总量数据。人民银行执行信贷考核的数据来源，主要是辖内机构每日上报的各项存贷款（含票据融资）余额及新增数据，考核主体较少，考核路径清晰。若将商票承兑纳入信贷规模考核，数据采集难度大、成本高，操作可行性较低。

2.银行承兑全额纳入信贷考核。将银行承兑全额纳入信贷考核，有助于全口径把握各家银行的票据业务总量，实时监测和识别中小银行票据业务风险。但考核半径的扩大，会对票据市场造成结构性冲击，不利于服务实体经济、支持中小微企业融资的政策初衷，也不利于利率市场化传导。具体来看：

（1）积极影响。一是统计口径更趋完整，风险监测效率有所提升。信贷规模考核从票据二级市场向一级市场延伸，考核半径扩大，有利于监管部门实时掌握市场全量数据。票交所上线之后，票据交易实现了场内化、电子化、线上化，信用风险和操作风险明显降低，风险管理重心向承兑、贴现环节转移。承兑纳入考核后，监管部门可以更加便捷、高效地识别票据业务风险，尤其是中小银行业务风险。

二是规模调剂需求下降，极端利率波动可能减少。银票承兑纳入考核后，考核口径更加完整，机构无法再通过转贴现交易调剂信贷规模。以票据调剂信贷规模余缺的需求消失，由此带来的极端利率波动也会相应减少，票据市场利率风险将有所缓解。

（2）消极影响。一是客户准入门槛抬高，小微企业签发票据难度增加。《中华人民共和国票据法》及相关规章制度并未对票据产品设置任何准入门槛，仅要求企业具有兑付票据的可靠资金来源，且在银行开立相关结算账户，因此票据具有低门槛、便利的特点，特别适合服务于中小微企业。银行为企业承兑票据时，通常要求企业存入一定比例的保证金，保证金账户专户监管，敞口部分可选择其他抵（质）押方式或占用企业授信。若企业具有全额保证金或高流动性抵（质）押品，银行实际承担的风险很小，可将其作为低风险业务开展，客户范围不再局限于本行授信客户。若将票据承兑全部纳入信贷规模统计，企业签发银行承兑汇票需事先获得该行授信，准入门槛明显抬高，对资质较差的小微企业来说，签发票据的难度和成本均会增加。

二是票据供给压缩、活跃度下降，不利于缓解小微企业融资难题。若将银行承兑纳入信贷规模考核，银行办理承兑需占用企业信贷资源，导致银行业务成本提升，一定程度上会限制票据供给的持续增长。2020年全市场银票承兑金额18.47万亿元，国有商业银行、股份制银行、城商行和农村金融机构的占比分别为17.17%、44.87%、26.63%和5.08%，股份制银行和城商行是主要承兑机构。[1]与此同时，股份制银行和城商行往往风险资产、资本和信贷规模均较为紧张，若将承兑纳入考核，消化存量尚且存在难度，新增供给必然受到抑制。票据是小微企业支付结算和融资的重要工具，2020年企业用票金额82.7万亿元，用票企业家数共270.58万家，其中小微企业用票金额44.03万亿元，占比53.24%，小微企业用票家数250.31万家，占比达92.5%。[2]若票据市场供给收缩，市场活跃度下降，票据服务小微企业的功能减弱，不利于缓解小微企业融资难、融资贵的难题，也不利于金融服务实体目标的实现。

三是对票据市场造成结构性冲击，中小机构面临较大调整压力。目前市场上股份制银行和城商行是票据资产的净卖出方，但受限于资金成本、信贷规模等因素，票据承兑余额较高、持有余额较低；国有商业银行则是票据资产的净买入方，因其资金成本较低、信贷规模充裕，票据持有余额往往高于承兑余额。票据市场的供求结构与不同体量金融机构所服务的客户群体息息相关，即中小金融机构的客群主要是中小企业，而中小企业也恰好是票据融资的需求主体。若将银票承兑纳入信贷规模考核，中小银行将面临更大的信贷规模压降及监管指标调整的压力，不均衡的结构性冲击或将影响中小银行服务其中小企业客户的能力。

四是可能存在跨产品风险溢出效应。只要宏观调控目标与实体经济需求存在缺口，银行就存在信贷规模调剂需求，考核口径调整只能改变规模调剂的方式，并不能消灭规模调剂的需求。承兑纳入信贷规模考核后，票据不再胜任规模调剂工具，但市场透明度低、交易便捷、流动性较高的福费廷等产品，依然可以用于快速调整规模，导致信用风险向其他相关产品溢出。

---

[1] 参见《2020年票据市场发展回顾——票据市场发展报告系列（一）》，载于上海票据交易所官网。

[2] 参见《2020年票据市场发展回顾——票据市场发展报告系列（一）》，载于上海票据交易所官网。

3.银行承兑敞口纳入信贷考核。由于承兑保证金制度，银行在票据承兑中实际承担的风险为扣除保证金及高流动性抵（质）押品后的敞口余额。按照实质大于形式原则，可以考虑将银行承兑的敞口部分纳入信贷考核。除上文提及的市场影响之外，该考核口径的问题在于数据统计颗粒度更细，统计成本更高，实操难度提升。

为实现敞口数据统计和报送，银行应进行必要的系统改造，一方面，打通对公信贷系统与票据系统的数据共享，便于系统抓取保证金比例、抵（质）押品及敞口余额等信息；另一方面，调整报表统计口径，将敞口余额纳入央行数据报送范围。

（二）若承兑纳入信贷考核，贴现是否要剔除

根据《贷款通则》第九条，票据贴现是贷款人以购买借款人未到期商业票据的方式发放的贷款。从实际效果来看，票据贴现的确为企业提供了形似贷款的资金融通服务，因此监管部门将票据贴现纳入现有信贷规模考核范围。

但若进一步扩大口径，将票据承兑也纳入考核，若不剔除贴现，则存在重复计算，一定程度上会造成信贷资源的浪费。合理的选择将是$A_1B_2C_2$，即票据承兑纳入考核，贴现和转贴现剔除考核，此方案对减少极端利率波动、提高货币政策传导效率等具有积极影响。

1.积极影响。一是贴现票据回归资金属性，统计"虚增"及极端利率波动减少。票据贴现与信贷考核脱钩，连带着转贴现从信贷考核口径中剔除，贴现后的票据资产将彻底剥离信贷属性，不再受信贷规模的影响，票据利率主要围绕资金利率上下波动，关键考核时点不再因为规模调剂而出现急涨急跌，极端的利率波动有望消除。与此同时，票据资管、票据代持等围绕规模调剂需求的业务创新，也会失去实际价值，一定程度上可以挤出现有考核口径中的水分。

二是金融机构套利空间压缩，有利于传导货币政策直达实体经济。票据利率大幅波动会带来时点性的套利机会，例如2020年第一季度，为对冲新冠肺

炎疫情带来的经济冲击，央行推出降准、再贴现再贷款等系列维稳措施，资金成本和信贷规模双双宽松，票据利率处于阶段性低位，与结构性存款利率形成明显倒挂，部分企业套取低成本贴现资金用于购买结构性存款、理财等金融产品，维稳资金"淤堵"于金融市场，无法有效传导至实体经济，引发监管部门出手打击资金套利、压降结构性存款余额。票据贴现剔除信贷考核口径，一定程度上压缩了规模考核带来的套利空间，有利于改善货币政策传导效果。

2. 消极影响。但方案$A_1B_2C_2$在考核口径的准确性、完整性等方面依然存在一些不足，具体来看：

一是有悖于银行信贷投放的实际内涵。贷款业务是商业银行将其所吸收的资金，按照一定的利率贷给客户并约期归还的业务，也称信贷业务或授信业务[①]。按照贷款用途和风险特征不同，公司贷款包括流动资金贷款、项目融资贷款、贸易融资、贴现、透支、保理、拆借和回购等，承兑并不符合贷款业务的定义。因此，将承兑纳入考核的同时剔除贴现，有悖于银行信贷投放的实际内涵。

二是商票贴现难以有效纳入信贷考核。商业承兑汇票基于商业信用，其签发和承兑系企业自发行为，商票承兑因数据披露不足、考核主体庞杂，在信贷考核中难以被有效统计。方案$A_1B_2C_2$中将承兑纳入信贷考核，同时剔除贴现之后票据，可能会遗漏商票贴现所创造的信贷规模，导致信贷考核口径不完整。

（三）若贴现纳入信贷考核，转贴现是否要剔除

从考核半径来看，承兑A>贴现B>转贴现C，若承兑纳入信贷规模考核，为避免重复计算，贴现后票据不应再纳入考核，对应方案为$A_1B_2C_2$。若承兑不纳入而贴现纳入考核，同时信贷规模随着转贴现流转，即现行考核方案$A_2B_1C_1$，其影响不再赘述。若承兑不纳入而贴现纳入考核，但是信贷规模不再

[①] 银行业专业人员职业资格考试办公室.银行管理（2016年版）[M].北京：中国金融出版社，2016:72.

随着转贴现流转，对应方案为$A_2B_1C_2$，其影响讨论如下：

1. 积极影响。在现有考核方案$A_2B_1C_1$中，信贷规模跟随转贴现流转，机构可以通过转贴现交易调剂规模余缺，但出于信贷规模考核压力，银行围绕隐匿信贷规模进行了系列违规业务创新，一定程度上导致统计数据失真，影响货币政策有效性。在调整方案$A_2B_1C_2$中，银行为企业提供票据贴现融资，即是银行的信用创造过程，若信贷规模全部由贴现行承担，可以真实反映银行的信贷投放情况，有效避免统计失真的可能性。

2. 消极影响。一是影响二级市场活跃度及利率传导效率。票据流动性强，主要得益于交易便捷、活跃度高、有生命力的二级市场。票据市场利率与货币市场其他利率（Shibor、DR001、DR007等）走势密切相关，央行开展公开市场操作投放或收拢流动性，利率波动会快速传导至票据二级市场，转贴现利率波动又传导至贴现，带动贴现利率甚至其他贷款利率调整，因此票据利率是金融市场利率向传统信贷市场利率传导的重要一环。但若信贷规模均由贴现行承担，机构不能通过转贴现交易调剂规模，票据流动性下降，二级市场活跃度降低，票据利率向企业融资利率传导的路径受阻，进而影响票据服务实体经济质效。

二是加剧区域间信贷投放及经济发展的失衡。从区域分布来看，票据业务一直集中在东部经济发达区域，2020年东部、中部、西部和东北地区票据业务总量占比分别为65.0%、15.3%、14.59%和5.12%。[①]因此，票据资产卖方通常也集中在东部地区，该地区银行贴现票据后，往往通过转贴现快速流转，以释放信贷规模满足企业旺盛的融资需求。欠发达地区银行信贷规模相对宽松，往往通过转贴现买入票据，弥补阶段性信贷缺口。在方案$A_2B_1C_2$中，信贷规模不再跟随转贴现交易流转，区域间的信贷规模错配无法快速调整，发达地区企业融资需求难以得到满足，欠发达地区信贷资源浪费，一定程度上加剧区域间经济

---

① 参见《2020年票据市场发展回顾——票据市场发展报告系列（一）》，载于上海票据交易所官网。

发展失衡。

综合上述分析可见，从考核真实性及风险控制的角度出发，以最大口径（即承兑纳入信贷考核）来考核票据信贷规模，可促使票据市场更加透明规范，但该方案同时会对当前票据市场业务模式、市场格局、规模增长等造成深远的影响，并不利于其服务实体经济，缓解小微企业融资难、融资贵等问题。在经济全球化和金融自由化的今天，曾经以信贷规模作为货币政策中介目标的操作，已经变得越来越难以为继，当前央行政策调控更依赖货币供应量、社会融资规模等广义指标，信贷规模是观察宏观经济运行的晴雨表。为了"规模可见"而调整现有信贷规模考核口径，却又导致其他负面影响，似乎并不是经济可行的操作。因此，从平衡信贷资源、支持实体经济发展的角度出发，我们建议保留现有考核口径，即 $A_2B_1C_1$ 仍为最优路径。

三、相关政策建议

虽然原方案存在诸多问题，但其在业务合理性、操作便利性、风险可控等方面仍具有优势，监管部门不能简单依赖考核口径调整以达到规范业务的目的，而应针对现方案存在的问题，多措并举、对症下药，通过提高市场透明度、完善基础设施、强化监管等方式，在规范金融机构行为的同时，改善或消除原方案的负面影响，逐渐引导票据市场合规稳健发展，实现票据服务于实体经济发展的总目标。

（一）强化信息披露和风险监测，严控一级市场风险

目前票据市场信用风险主要集中在承兑和贴现环节，为方便投资者有效识别和控制风险，建议票交所加强信息披露，考虑公开以下数据：一是全市场票据承兑余额，包括银行承兑汇票余额和商业承兑汇票余额；二是全市场票据贴现余额，包括银行承兑汇票贴现余额和商业承兑汇票贴现余额；三是承兑人、

贴现行逾期未兑付余额。通过公开披露数据，提升市场透明度，将信用判断和风险定价交予投资者，以市场化方式约束部分中小机构的盲目扩张冲动。同时，票交所应强化风险监测，密切关注市场杠杆水平，对高杠杆机构及时预警并提示风险。

（二）适当弱化信贷规模考核，防范极端利率波动

灵活性、透明度及可信赖度是央行货币政策中介目标选择的关键要素，以信贷规模作为中介目标存在一定局限性。随着金融创新持续推进，信贷规模与货币供应量的稳定关系日趋松散，与国内经济活动的相关性也日益弱化，信贷规模作为中介目标的可靠性明显下降。建议监管部门在货币政策执行过程中重广义信贷、轻狭义信贷，适当弱化贷款规模考核重要性，同时提升规模考核可预见性，避免集中在月末、季末等关键时点以避免票市场交易拥挤，资产价格大幅波动。

（三）疏堵结合、规范创新，开辟资产出表新途径

受资产规模、风险资本等刚性约束，银行信贷扩张有边界，资产出表的需求始终存在。为规范金融机构行为、防范系统性金融风险，监管部门严肃监管，着力打击同业户、票据资管等各类隐匿信贷规模的违规创新。但正如大禹治水，堵不如疏，建议监管部门在围堵违规金融创新的同时，考虑开辟合规的信贷资产出表途径，引导金融机构创新步入正轨。

（四）丰富市场投资者类型，鼓励交易策略多元化

当前票据市场交易主体以银行类机构为主，2020年非银行类机构和非法人产品交易量占全市场比例仅为7.4%。[①]银行类机构交易策略趋同，关键考核时

---

① 参见《以票据交易机制创新推动票据市场高质量发展》，载于上海票据交易所官网，五周年专栏。

点交易行为一致，一定程度上助长了票据利率的大起大落。建议票交所进一步优化市场环境，丰富投资者类型，积极引入券商、基金、资管公司等非银机构和非法人产品，鼓励交易策略多元化，以平抑市场波动。

（五）规范银行考核体系，持续推进利率市场化

在金融市场与存款基准的二元利率体系下，结构性存款利率与票据贴现利率阶段性倒挂难以避免，票据套利现象屡禁不绝，仅仅压降结构性存款余额只会加剧银行的一般性存款压力，无益于降低企业融资成本及向实体经济让利。建议规范银行存贷款考核体系，合理设定存贷款考核指标，避免从上至下层层加码，导致同业过度竞争。继续深化利率市场化改革，在贷款LPR改革之后，考虑改革甚至取消存款基准利率，有效推进存款利率和金融市场利率合一，尽快实现"两轨并一轨"的目标，解决货币政策传导中的干扰。

参考文献

[1] 胡晓，刘枫. 票据承兑贴现会计与统计口径调整分析 [C]. 中国票据研究中心征文获奖论文，2020.

[2] 上海票据交易所. 以票据交易机制创新推动票据市场高质量发展 [EB/OL]. http://www.shcpe.com.cn/content/shcpe/about.html?articleType=about&articleId=WZ2021101514489386046784266.

票据与类票据比较研究
及发展建议

凌 典 谈 韵[①]

[摘 要] 票据、应收账款、信用证、保函均是服务企业结算的重要工具，四者存在共性和个性，通过比较研究票据与应收账款、信用证、保函等类票据的异同，有助于从他者视角观察票据，完善管理政策，增强票据服务实体经济能力。本文梳理了票据、类票据的发展现状，从企业使用、银行服务、融资效能、基础建设、法制环境、产品创新和风险防控等方面进行了详尽比较，总结了票据的优劣势。基于票据、类票据的演进规律、发展情况和比较分析，本文提出了提升票据与实体经济适配性、加强票据市场建设、促进贸易金融业务互联互通、完善应收账款票据化措施、发展跨境人民币票据业务、优化票据与类票据资本管理政策、统一贸易金融活动管理等政策建议。

[关键词] 票据 应收账款 信用证 保函 比较研究

一、研究背景与内容

票据[②]是典型的贸易结算融资工具，也是应收账款的法定凭证。多年来，

---

① 凌典，谈韵，供职于中国农业银行票据营业部。
② 如无特别说明，本文中的票据均指商业汇票，包括银行承兑汇票和商业承兑汇票，以下分别简称银票、商票。

随着企业结算融资需求和银行产品供给的不断变化，企业结算融资工具逐渐丰富。除与票据最相似的应收账款外，信用证、保函在服务贸易结算方面的作用越发突出。占据票据市场规模80%以上的银票业务与信用证、保函业务呈现较多相似点，例如三者均可用于结算、体现银行信用、计入表外业务等。

长期以来，很多企业面临采用应收账款还是票据结算的抉择，近年随着信用证的快速发展，也有越来越多的企业面临"开票"还是"开证"的问题。票据和应收账款、信用证、保函（这三类产品下文统称为类票据）的选择，既与产品本身的差异、银企意愿偏好相关，也离不开四者背后的市场建设、法制环境、风险防控等因素。2019年以来，人民银行行长易纲在多个场合提出，要推动应收账款更多使用权责清晰的商业汇票，实行应收账款票据化。系统全面地比较研究票据与类票据，有助于从他者视角观察票据，转换研究思路，拓展研究视野，厘清票据的发展瓶颈和痛点堵点，科学推动应收账款票据化，为票据改革发展提供政策建议，增强票据服务实体经济能力。

学术界和实务界对票据、类票据的研究多为两两比较，崔学刚和王静（2008）、孔燕（2020）的论文是研究票据与应收账款的代表性文献；研究票据与信用证、保函的文献不多，主要集中在银企实务、法律关系等层面（何家宝，2003；杨绍宁，2011；李成青、谢洁华，2012）。本文拟立足实务，兼具理论性探讨，全面系统研究票据与类票据，提出有针对性的政策建议。

本文其余部分安排如下：第二部分是票据与类票据发展情况概述；第三部分从企业使用、银行服务、融资效能、基础建设、法制环境、产品创新和风险管理等方面，全面比较分析票据与类票据；第四部分讨论增强票据服务实体能力的途径，提出相关政策建议。

二、票据与类票据发展情况概述

近年来，票据、类票据市场余额均呈现稳步增长态势，其中票据增长幅度最大，信用证次之，应收账款、保函增长幅度相对较小。2020年末，票据承兑余额14.1万亿元，较2017年末增长72.0%[①]；规模以上工业企业应收账款余额16.4万亿元，较2017年末增长21.8%[②]；信用证[③]开立余额2.1万亿元，较2017年末增长38.2%；保函开立余额4.6万亿元，较2017年末增长8.1%。

票据、类票据并非泾渭分明，随着企业结算融资需求趋向多样化和银行加快业务创新，二者融合发展的趋势加快。例如企业以票据、应收账款质押申请开立信用证、保函，以票据质押申请应收账款保理融资，以应收账款、信用证质押申请开立银票等，银行也可通过保函业务为企业签发商票增信，此外保理业务中也存在企业通过签发商票偿还保理项下应付账款等模式。

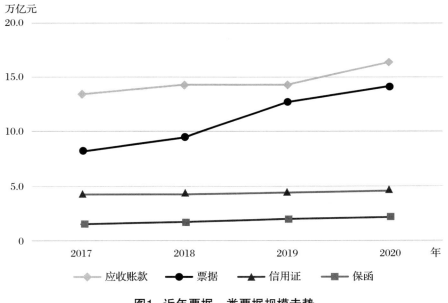

图1 近年票据、类票据规模走势

---

① 数据来源于人民银行。
② 数据来源于国家统计局。
③ 信用证及保函数据为16家大中型银行年报合计数，包括进出口银行、6家国有商业银行、9家股份制银行。

三、票据与类票据比较分析

（一）企业使用效能

表1从功能作用、运用场景、结算成本和使用空间等九个方面对企业使用票据、类票据进行了比较。可以看出，对于企业来说，票据、类票据均存在各自的优劣势，二者呈现竞争和互补的关系。需要说明的是，在使用空间方面，国内结算中的商业汇票为光票形式，票据作为独立的结算工具，不需附有货运单等商业单据；国际结算中的商业汇票主要是信用证、托收项下的跟单汇票，一般需要附有货运单等商业单据，跟单汇票是索款、融资凭证。近年来，在人民币国际化背景下，以人民币计价的跨境应收账款、信用证、保函结算开始增加，但跨境人民币票据结算还处于起步阶段。

表1　企业使用票据、类票据比较

产品	应收账款	票据	信用证	保函
功能作用	结算	结算、银行担保	结算、银行担保、控货	银行担保
运用场景	贸易场景，双方相对熟悉	贸易场景，双方相对熟悉	贸易场景，互不熟悉、相对熟悉的企业均可使用	贸易、非贸易场景均可适用
结算效率	高	商票：高 银票：低，银行授信业务	低，银行授信业务	低，银行授信业务
结算成本[①]	无	商票：极低 银票：高，包括承兑手续费、敞口风险管理费	高，包括开证手续费、到期承诺付款手续费以及通知、审单、付款手续费等	高，担保手续费
支付流转	支付属性较弱，很难支付流转	支付工具，自由流转	支付工具，国内证最多转让一次（适用三方贸易）	非支付工具，转让非常少见
产品期限	视合同约定	电票最长1年，纸票最长6个月	国际证视合同约定，国内证最长1年	视合同约定

① 银票承兑手续费为0.05%~0.1%，敞口（票面金额减保证金）风险管理费年化费率为1%~2%；开证手续费为0.05%~1.0%，到期承诺付款手续费一般为0.1%/月；非融资性保函担保年化费率约为1%。

续表

产品	应收账款	票据	信用证	保函
付款履约	存在较大弹性	刚性	刚性	刚性
财务影响	应付账款方计入表内负债	应付票据方计入表内负债	申请开立信用证（已开立且银行未承付阶段）的企业无须在表内进行会计处理	申请开立保函的企业无须在表内进行会计处理
使用空间	国内、国际	国内、国际	国内、国际	国内、国际

（二）银行服务模式

应收账款结算属于企业行为，银行、商业保理公司等机构主要为企业提供应收账款质押贷款、应收账款保理等服务，应收账款保理包括保理融资（主要业务）、坏账担保、管理及催收等。机构通过应收账款质押贷款、保理融资等业务提供融资服务，通过应收账款坏账担保提供融信服务。近年来，机构间的再保理（机构间转让保理资产）等二级市场业务有一定发展，但规模较小。银票、信用证、保函的"开立"是融信支持，银行针对票据、信用证、保函[①]提供的融资支持包括票据贴现、信用证福费廷（及押汇、议付等）、保函福费廷等。票据、信用证福费廷已形成较大的二级市场，在优化银行信贷总量和结构方面发挥重要作用，促进了一级市场的发展。

不同的银行服务模式下风险特征不同，相应资本监管规则存在差异（见表2），影响银行资本计量和服务供给的偏好意愿。总体来看，应收账款、票据、保函、信用证资本占用依次减少。由于票据转卖行仍需基于《中华人民共和国票据法》考虑被追索风险计提资本，而福费廷业务核心特征即为无追索权转让，故转卖行无须计提资本，这增加了福费廷业务对银行的吸引力。

---

① 实务中的保函融资一般有融资性保函、保函福费廷两种概念，前者是指银行为企业融资提供保证，后者是指银行基于企业的保函项下应收款提供融资，为保持可比性，本文仅指后者。

表2 票据与类票据资本监管规则差异

产品种类	融信业务（信用转换系数）	融资业务（风险资产权重）
应收账款	坏账担保，100%	质押贷款、保理融资，100%
票据	银票开立，100%	银票贴现及转贴现、商票转贴现，20%／25%；商票贴现，100%。票据转卖后不得释放风险资产
信用证	信用证开立，20%	信用证福费廷，20%／25%
保函	融资性保函开立，100% 非融资性保函开立，50%	保函福费廷，20%／25%

（三）产品融资效能

应收账款融资形式包括保理融资、质押贷款等；票据主要是票据贴现；信用证包括福费廷、押汇、议付等；保函则主要是福费廷。

融资门槛方面，保理融资、商票贴现业务对应收账款债务人、承兑人的资信要求较高；银票贴现、信用证及保函福费廷业务主要基于同业银行信用发放融资，企业融资门槛较低。应收账款质押贷款和信用证押汇业务一般比照流动贷款办理，对融资企业的信用资质、担保品、财务情况等有较多要求。因此，应收账款融资门槛整体高于票据、信用证、保函。

融资效率方面，银行保理融资、应收账款质押贷款业务一般涉及线下调查、应收账款确权、物权登记等环节，流程长，放款时间一般为数天；票据电子化程度高，且有天然确权优势，贴现业务材料审核较少，业务办理高效。信用证及保函福费廷业务受限于流程相对烦琐、材料要求较多、电子化程度不高等劣势，融资效率低于票据贴现，但高于应收账款融资。

融资成本方面，银行保理融资、应收账款质押贷款业务基于商业信用，一般按照流动贷款利率定价；银票贴现、信用证及保函福费廷业务基于银行信用，一般参考银行间资金拆借利率定价，融资成本明显低于应收账款。三者中票据具有成熟的转贴现市场，考虑到流动性补偿后，票据贴现成本一般略低于福费廷。此外，保理融资、福费廷融资可能还会收取一定手续费。

（四）市场基础建设

应收账款方面，2007年人民银行征信中心开始提供应收账款质押登记服务，2013年上线运行中征应收账款融资服务平台，主要提供应收账款融资信息采集、传递、反馈、登记等服务以及应付账款履约信息采集服务。该平台目前主要聚焦应收账款融资环节。

票据方面，2016年票交所成立后，市场基础设施建设逐步完善，电子票据占比已达99%，包括承兑、背书流转、贴现、转贴现、付款等在内的票据全生命周期业务实现在统一平台办理，票交所成为票据登记托管、业务交易、创新发展中心和再贴现操作平台，票据市场标准化程度、信息透明度、便捷性和安全性持续提升。

信用证及保函方面，信用证包括信开、电开两种方式，信息交换主要依托SWIFT系统进行。2019年，人民银行投产电子国内信用证信息交换系统，提供统一的国内证业务处理规则和实施标准，支持国内证跨行流转、线上清算，支持发票、合同信息核验。截至2021年3月末，电证系统法人机构数量达95家，开证金额突破5000亿元。2021年3月，电证系统福费廷子系统上线，支持银行在线开展福费廷交易。保函则尚未建立相关基础设施。

（五）法制环境建设

应收账款长期属于会计概念，2007年出台的《物权法》首次提及"应收账款"，但并未明确定义，当前应收账款相关业务主要由《民法典》中的物权编、合同编等规范，《民法典》新增保理合同为典型合同，基本奠定了保理业务法律框架。人民银行、银保监会、银行业协会、商业保理行业协会均制定了业务规章、规则。

票据市场制度体系较为健全，已形成以《中华人民共和国票据法》专门法律为核心，《票据管理实施办法》《支付结算办法》《票据交易管理办法》等法规规章为配套，票交所、支付清算协会、银行业协会等规则为补充的制度体系，能够保障票据业务稳健发展。历年来监管部门也持续出台监管政策，促进市场生态环境持续净化。

国际信用证、保函适用的规则是国际商会制定的《跟单信用证统一惯例》《见索即付保函统一规则》等，但均为国际惯例，并非具有强制性的法律。国内信用证主要适用人民银行《国内信用证结算办法》，国内保函主要适用《民法典》物权编中担保的有关规定，支付清算协会、银行业协会制定了《国内信用证审单规则》《商业银行福费廷业务指引》等多项规则。

（六）产品业务创新

应收账款方面，基础设施、法律制度不完善限制了应收账款创新空间，相关创新主要聚集在融资环节，包括应收账款池融资、线上保理融资、应收账款资管计划、资产证券化等。近年来，应收账款与金融科技结合，产生了"信""链""单"等各类应收账款电子债权凭证等创新产品，实现应收账款可拆分金额、可流转、可融资等功能。

票据方面，法律关系明晰、政策制度完备、一二级市场繁荣为票据产品创新奠定了坚实基础。21世纪以来，一系列围绕票据支付、融资、交易等全生命周期的创新业务不断涌现，例如代理承兑贴现、买方付息贴现、票据置换、票据资管计划、资产证券化、线上承兑贴现等。票交所成立后，买断式回购、票付通、贴现通、标准化票据、供应链票据等产品陆续推出，票据创新发展空间不断扩大。

信用证方面，相关创新与票据呈现较多的相似性，且基本覆盖支付、融资、交易等环节，如代理开证、买方付息议付、信用证应收款资管计划、资产证券化和线上开证议付等。与当前票交所作为票据创新发展中心、统筹推动各项票据创新相比，信用证的相关创新仍以银行推动为主，创新广度、深度和质量有待提高。保函产品也有一定创新，包括代开保函、保兑、电子保函等。

（七）风险特征与防控

从风险特征来看，信用风险方面，银票、信用证、保函主要体现为企业信用、银行信用；商票、应收账款则更多体现为企业信用。市场风险方面，票据融资相比信用证、保函福费廷融资受央行货币信贷政策的影响更为显著，利率波动较大，保理融资主要参考一般贷款定价，利率波动相对较小。操作风险方面，票据操作电子化、线上化、规范化程度高，信用证、保函次之，应收账款相对欠规范。

从风险防控来看，票据方面，票交所成立后逐步成为票据市场风险防控中心，票据业务规则体系不断完善，票据基本实现电子化，票据转贴现各类收益率曲线相继发布，商票正式实行信息披露制度，票据市场风险防控水平不断提高。应收账款方面，中征应收账款融资服务平台在防范融资业务操作风险方面发挥了重要作用，应付账款履约信息采集服务也有助于信用风险管理，但该平台主要聚焦企业融资，基本不涉及应收账款"签发"、再保理等环节。信用证方面，电证系统的建设有助于统一国内信用证业务处理规则，提升电子化水平，对交易合同、发票的核验也有助于防范企业重复融资，降低操作风险，但电证系统覆盖面有限，其风险防控效能也难以与票交所这一有形设施相比。保函方面，由于缺乏基础设施，风险防控能力相对较弱。

总结来看，票据在融资效能、基础建设、法制环境、产品创新、风险防控等方面具有比较优势，但也存在以下劣势：企业使用方面，银票结算效率、成本不及应收账款，缺乏信用证的控货功能，跨境人民币票据的使用不及类票据；银行服务方面，银票业务的资本占用高于信用证业务；风险特征方面，票据融资的利率风险显著大于类票据。

四、增强票据服务实体经济能力的讨论与建议

在构建新发展格局、推动高质量发展的背景下，未来票据业务的发展，既

要根植于实体企业的有效需求，也要持续激发银行服务供给意愿，壮大供给能力，努力克服票据相对劣势，完善票据与类票据管理政策，持续提升票据服务实体经济质效。

（一）提升票据与实体经济适配性，增强票据吸引力

主体方面，"十四五"期间，扩大内需、供应链稳定升级、科技创新、绿色低碳等将成为经济发展的主题，票据在服务小微民营企业进而促进就业、扩大内需，以及支持制造业、供应链发展等方面潜力较大，建议通过政策推动、评价激励、监管考核、再贴现引导等方式推动票据服务持续向小微、民营、科创、绿色、制造业、供应链集聚。

金额方面，目前应收账款电子债权凭证、供应链票据均实现金额可拆分，未来票交所的新一代票据业务系统将全面支持电票面额等分化。建议商业银行积极顺应票据支付融资小额化趋势，通过系统建设、流程优化、资源投入等措施提高对小面额票据的融资和交易能力。

用途方面，贸易背景不真实、融资资金流向非生产性领域是目前票据、信用证业务的主要违规问题。建议借鉴电证系统在防范重复融资方面的经验，加大票据业务系统建设，支持核验基础交易合同、发票等，运用大数据等技术，强化对企业虚假支付融资等监控提示，同时机构自身也需完善风控机制，促进票据业务合规开展。

成本效率方面，银票的结算效率、成本相比应收账款存在劣势，结算成本相比信用证也无明显优势。建议持续推广结算成本更低的商票结算，通过在线承兑贴现等提升支付融资效率，鼓励发展标准化票据融资，推广贴现通产品，完善非本行账户贴现、跨区域贴现等监管政策。

需求多样性方面，当前票付通、贴现通经纪、标准化票据存托等融智业务不断涌现。如票付通通过企业票据签发、流转见证机制，能够解决"陌生人"交易互不信任问题，这与信用证解决先付款还是先发货的机制相似，具有一定

的控货功能。建议持续围绕企业签票、持票、用票、贴票等环节开展创新，为企业提供融信、融资、融智等多元化票据金融服务。

（二）完善票据市场建设，促进贸易金融互联互通

一是扩大票据市场参与主体。票据相较类票据融资成本更低，主要原因是票据的高流动性降低流动性溢价。长期以来，由于认识等方面的差异，非银机构参与票据交易的进度相对缓慢。从境内外经验来看，美国、日本、中国台湾地区的票据市场参与者均包括非银机构，徐忠（2017）认为，票据市场本质属于货币市场，货币市场的参与者理应成为票据市场的参与主体。非银机构的进入有助于降低票据融资门槛、难度和成本，提升票据市场的广度和深度。

二是增加票据风险管理工具。随着宏观经济趋势性下行，票据信用风险防控形势日趋严峻，票据融资较类票据融资利率波动也更为剧烈，市场风险管理难度较大。发展衍生品既是增强票据服务实体能力的有效手段，也符合防范化解金融风险的监管要求，企业和机构可通过衍生品管理信用、市场风险。票据基础设施完善，标准化程度高，最适合发展衍生品，建议在风险可控的前提下，逐步试点推出票据衍生品业务。

三是促进贸易金融互联互通。顺应票据与类票据融合发展趋势，建议加强票交所、中征应收账款融资服务平台、电证系统等基础设施互联互通，为票据、类票据融合提供便利，通过业务品种创新拓展合作空间。可考虑整合上述基础设施、银行保函业务中的企业付款、融资、履约等信息，构建统一的企业贸易信用信息披露平台，探索开发企业贸易信用风险模型，强化跨市场风险监测防控，推动贸易金融稳健发展。

（三）明确应收账款票据化方向，完善路径和措施

应收账款票据化符合商业信用演进方向，但目前在签发和流转环节仍存难点堵点。签发环节，票据属于法定应收账款，有利于卖方，买方偏好应付账款结

算是理性选择。吴世农等（2019）认为，票据、应收账款结算方式的选择反映了企业之间的契约关系差异，这种差异表现为企业价值链之间的"权力—依赖"关系，源自买卖双方竞争优势的差异。强势企业与经销商结算时偏好应收票据，与供应商结算时偏好应付账款，其"两头吃"的策略表明应收账款票据化工作的重点在于推动"应付账款票据化"。建议：一是加强道德与法制约束，通过道义劝说、行政指导和考核评价等方式督促核心企业更多采用应付票据结算，必要时可考虑出台相关法律法规，保障中小企业合法权益；二是规范管理应收账款电子债权凭证，此类产品由于缺乏规范，可能导致监管套利、影响货币政策有效性、核心企业强化拖欠动力等风险（孔燕，2020），由于其与商票性质、功能类似，建议在业务准入、信息披露和违约惩戒等方面适当比照商票监管。

流转环节，卖方也可能不愿接受买方持有的票据，如买方要求卖方给予适当商业折扣、同意延长付款期限等为前提采取应付票据结算，卖方不愿接受此类条件；卖方对买方持有票据的承兑人信用不认可或担心票据伪假等问题。针对上述情况，建议研究降低商票、供应链票据贴现的增值税税率，加大再贴现额度倾斜、利率优惠，适当给予卖方经济激励；不断完善商票信息披露制度，探索推出商票信用评级制度。

（四）探索开展跨境票据业务，助力人民币国际化

国际经验表明，本币国际化大多起步于贸易领域。银票起源于国际贸易，英国、美国、日本等国银票市场的发展有力地促进了本币国际化。我国作为世界第一贸易大国，发展跨境人民币票据的空间较大，有望为人民币国际化添加新抓手。

从当前内外部环境来看，发展跨境人民币票据的条件日趋成熟。随着全球贸易逐步由卖方市场转向买方市场，买方选择跟单信用证等费用高、手续复杂的结算方式的意愿下降，基于商业信用的应付账款结算快速增长，但卖方应收账款面临收款风险，我国的票据结算介于两者之间，能够适当平衡安全性和便

捷性需求；同时随着我国经济快速发展，企业选择结算方式的话语权增强，有机会选择更有利于自身的结算工具；票交所时代，票据市场已实现电子化、线上化、集中化，这也为发展跨境票据奠定坚实基础。

自2015年中信银行办理首笔FTN账户电票业务以来，跨境人民币票据业务进展相对缓慢，落后于类票据人民币业务进程。目前证券、拆借、债券等市场均已实现对外开放，票交所也已建成跨境人民币贸易融资（信用证福费廷、同业代付）转让平台，建议未来加快票据市场对外开放：一是实现基于国内贸易签发票据的资产跨境转让交易，当前基于国内贸易形成的保理资产、信用证福费廷资产跨境转让均已成功开展，建议借鉴债券通模式，引入海外交易主体参与票据投资交易；二是实现基于跨境贸易的人民币票据签发、流转、融资和交易，初期可围绕"一带一路"实体企业结算融资需求，率先在中资银行海外分行、中企海外公司实施。

（五）修改法律法规，优化资本管理政策

目前银票在开立环节的资本计提转换系数为100%，信用证则为20%。信用证这一规定源自《巴塞尔协议》，其规定货物贸易信用证以货运单为抵押时，银行可实现风险缓释。但在我国，货物贸易国内证项下的货运单据绝大多数不能代表货权，缺乏抵押作用，服务贸易国内证适用20%的系数则缺乏依据。银票的资本计提劣势，导致实务中信用证部分替代银票，建议根据信用证项下货运单是否具有抵押作用，有区别地进行资本监管，提高货运单无抵押作用的信用证、服务贸易信用证的信用转换系数。

交易环节，票据相较信用证、保函福费廷资产转卖后仍需计提20%或25%的资本，根据将于2023年实施的《巴塞尔协议Ⅲ：后危机改革最终方案》，银票根据信用风险等级实施差异化资本计量，风险资产权重最低设定为40%[1]，

---

[1] 原始期限为3个月以下的银行风险暴露，权重仍为20%。

预计我国将同步施行。权重大幅提升将加剧票据转卖行资本压力，影响票据流动性，最终增加企业融资的难度和成本。从国外福费廷发展历史来看，最初其是指无追索权地买入汇票、本票（背书人在票面上注明"without recourse"字样），又称票据包买，后扩展到信用证、保函项下应收款等，由于《中华人民共和国票据法》不认可无追索权背书[1]，福费廷在引入我国的过程中只能与信用证、保函等结合。建议修改《中华人民共和国票据法》，承认无追索权背书转让的效力，据此完善资本管理政策，票据转卖行可不再计提资本，减轻银行体系资本压力，从而提升票据服务实体能力。

（六）深化票据业务认识，统一贸易金融活动管理

票据、类票据同属银行贸易金融业务，二者在信贷统计、会计计量、期限设定等方面存在较多共性，通过类票据视角，有助于深化对票据业务的认识。信贷统计方面，保理融资、票据贴现、福费廷一级市场融资、一般贷款均属于银行向实体投放资金，实务中均纳入信贷统计；上述资产在银行间市场转让时均遵循转入行加计信贷、转出行减计信贷的规则（见表3）。这是因为金融监管活动以会计报表为基础，转出行资产出表伴随信贷减计，若转入行资产入表的同时不加计信贷，将导致信贷统计漏损。会计计量方面，票据承兑业务中银行承担《中华人民共和国票据法》上的无条件付款责任，信用证业务中开证行收到卖方提交的相符单据后，也必须承担确定的付款责任，实务中银票、信用证到期解付的实质是承兑、承付行代理买方付款[2]，银行起到付款担保作用，按照我国现行会计准则，票据承兑、信用证承付均纳入银行表外核算，刚性付

---

[1]《中华人民共和国票据法》第二十四条规定，"汇票上可以记载本法规定事项以外的其他出票事项，但是该记载事项不具有汇票上的效力。"第三十三条规定，"背书不得附有条件。背书时附有条件的，所附条件不具有汇票上的效力。"

[2]《中华人民共和国票据法》第十九条规定，"汇票是出票人签发的，委托付款人在见票时或者在指定日期无条件支付确定的金额给收款人或者持票人的票据。"承兑银行与出票企业为委托代理关系。

款责任与纳入表内核算并无对应关系。期限设定方面，2009年电子票据产生，票据最长期限由纸票6个月延长至1年，2016年国内信用证最长期限也由6个月延长至1年，票据、信用证的期限管理政策趋向统一。当前市场对票据的信贷统计、会计计量、期限设定等问题有较多讨论，票据是法定应收账款，银票与国内信用证也有诸多相似性，建议未来将票据置于贸易金融业务框架下考虑，对票据、类票据的共性进行统一管理，持续营造可比的制度环境。

表3　票据及类票据融资、一般贷款的信贷统计情况

类别	业务形式	信贷统计	类别	业务形式	信贷统计
保理融资	银行买入企业应收账款	均纳入	再保理融资	银行从银行买入应收账款	均纳入
票据贴现	银行买入企业票据		票据转贴现	银行从银行买入票据	
福费廷一级市场融资	银行买入企业信用证、保函项下应收款		福费廷二级市场融资	银行从银行买入信用证、保函项下应收款	
一般贷款	银行向企业发放信贷资金		一般贷款转让	银行从银行买入一般贷款	

参考文献

[1] 崔学刚，王静.应收账款票据化的财务价值探讨——基于青岛海尔银行承兑汇票使用策略的分析[J].财务与会计，2008(3):12-14.

[2] 何家宝.信用证与汇票法律关系比较研究[J].法学，2003(4):58-63.

[3] 孔燕.协同推动应收账款票据化[J].中国金融，2020(6):48-50.

[4] 李成青，谢洁华.银行承兑汇票与国内信用证的业务比较分析[J].金融管理与研究，2012(1):53-56.

[5] 吴世农，王建勇，黄世忠.应收项目、应付项目的信息含量差异及其影响——以融资成本与公司价值为视角的实证研究[J].厦门大学学报（哲学社会科学版），2019(5):51-62.

[6] 徐忠.建设全国统一的票据交易平台[J].中国金融，2017(1):22-24.

[7] 杨绍宁.票据与信用证的比较[J].中国外汇，2011(16):38-41.

论票据保证行为不适用
上市公司特殊担保规则

宫　翊[①]

［摘　要］《最高人民法院关于适用〈中华人民共和国民法典〉有关担保制度的解释》（以下简称《担保解释》）第九条规定了上市公司"无公告无责任"的特殊担保规则（以下简称特殊担保规则）。《担保解释》颁布后，即引发实务界对上市公司票据保证行为是否适用特殊担保规则的争议。笔者认为，仅从程序方面检讨公司对外担保行为效力不合实际，宜从经济实质方面分析主体与行为并检讨行为效力。经检讨，规则分析的结论是，特殊担保规则不调整票据保证行为；价值分析的结论是，如票据保证行为类推适用担保规则，既不公平，也无效率；实效分析的结论是，即使票据保证行为适用特殊担保规则，也不能起到保护公司财产安全与投资人利益的实际效用。故上市公司票据保证行为不应适用特殊担保规则。

［关键词］　上市公司　特殊担保规则　商业票据　票据保证　效力

一、问题的提出

公司对外担保问题在学术界与司法实务界争论旷日持久，也长期困扰司法

---

① 宫翊，供职于中航信托。

审判实践。随着《担保解释》颁布，我国公司担保问题的法律立场从"严格限制甚至禁止公司担保阶段""公司法授权公司章程的公司担保自治阶段"进入"公司担保规则的精细化区分阶段"[①]。《担保解释》为公司对外担保问题之定分止争，起到良好指引作用。

根据《担保解释》第九条规定，相对人与上市公司订立担保合同的，应当审核上市公司是否就担保事项已经董事会或者股东大会决议通过作出公告；上市公司未公告的，上市公司不承担担保责任或赔偿责任；该特殊担保规则同样适用于担保人为上市公司已公开披露的控股子公司，或股票在国务院批准的其他全国性证券交易场所交易的公司。

但当特殊担保规则遇到票据行为，新的争议产生了。实务中，为保障行为的法律效果，行为人偏向于"从严理解"法律；为保护特殊法益，司法也可能"从严适用"法律。基于上述实务思维，多数人倾向认定上市公司票据保证行为应当适用特殊担保规则。然而特殊担保规则又与票据抽象证券、无因证券、文义证券的属性，流通价值与经济性的功能发生尖锐矛盾，主要问题如下：

1. 从规则角度，《民法典》《担保解释》是否调整票据保证行为，此情形下票据特别法是否优于民法一般法。

2. 从价值角度，如规则分析结论为否，因上市公司涉及特殊法益，票据保证行为是否仍应类推适用特殊担保规则。

3. 从实效角度，如为保护特殊法益，坚持认定适用特殊担保规则，是否有保护特殊法益的实效。

截至2020年，我国全年票据市场业务总量高达148.24万亿元，其中承兑22.09万亿元、贴现13.41万亿元、交易64.09万亿元[②]；使用Wind统计，截至2020年，我国深沪两市4000多家上市公司中超过三分之一使用票据（包括银票与商票），应付票据余额高达约23514亿元，应收票据余额高达约7069亿元。鉴

---

① 王毓莹.公司担保规则的演进与发展[J].法律适用，2021（3）:46-48.
② 上海票据交易所.2020年票据市场发展回顾[OL].http://www.shcpe.com.cn.

于票据在国民经济特别是实体经济供应链场景中发挥巨大作用，上市公司普遍使用票据，中小实体企业也普遍使用上市公司签发的票据流转支付或融资，故上市公司票据保证行为是否适用特殊担保规则，急需辨明。

二、问题的限定

（一）保证行为的性质限于票据保证

为与民法上的保证区分，票据法上的保证特称为"票据保证"[①]，鉴于实务中上市公司较少运用本票、支票，且我国电子承兑汇票普及率高达99%[②]，故本文票据保证中的票据限于电子承兑汇票。本文讨论上市公司保证行为性质限于票据保证，票据保证包括出票保证、承兑保证、背书保证（合称"一般票据保证"），三种票据保证作成方式、法律效果基本一致，故本文一般不作区分一并讨论。

除上述三种票据保证行为外，因出票行为、背书行为也发生票据法上的保证效果[③]，实务中票据当事人也会利用出票或背书行为的方式增强票据信用，学理上称为"隐存的票据保证"[④]。鉴于"隐存的票据保证"的实效与"一般票据保证"相同，应纳入问题讨论。

（二）保证行为的保证人限于上市公司

依据《公司法》第一百二十条，"本法所称上市公司，是指其股票在证券交易所上市交易的股份有限公司"，且《担保解释》第九条第三款对上市公司

[①] 谢怀栻著，程啸增订.票据法概论[M].北京：法律出版社，2017：144.
[②] 孔燕.深化票据在供应链金融中的应用[D].中国票据研究中心工作论文，2021.
[③]《票据法》第二十六条 出票人签发汇票后，即承担保证该汇票承兑和付款的责任。第三十七条 背书人以背书转让汇票后，即承担保证其后手所持汇票承兑和付款的责任。第六十八条 汇票的出票人、背书人、承兑人和保证人对持票人承担连带责任。
[④] 谢怀栻.票据法概论[M].北京：法律出版社，2017：144.

概念也作出限定①，故上市公司仅限于在上海证券交易所、深圳证券交易所、北京证券交易所②上市交易股票的公司，而在中国金融期货交易所、上海期货交易所等其他全国性证券交易所上市交易其他非股票证券的主体，不属于上市公司。

同时根据《担保解释》第九条，上市公司已公开披露的控股子公司对外提供担保，也适用特殊担保规则。基于司法解释精神及经济实质，控股子公司宜作广义理解，不仅限于上市公司直接控股的子公司，也应包括间接控股的子公司。

综上所述，本文探讨票据保证行为的保证人，仅限于股票在全国性证券交易所上市交易的公司，且包括其直接或间接控股的子公司。

（三）保证行为的被保证人为非保证人本人

依据《中华人民共和国票据法》（以下简称《票据法》）规定，票据保证行为中，保证人与被保证人不能系同一人③。根据被保证人与上市公司之间的关系，可分为以下三类：

1. 被保证人为上市公司的关联法人。关联法人、关联自然人的概念在《公司法》、证券监督管理法律法规、交易所规则等规范性文件已有翔实规范定义④，此处不作赘述。

2. 被保证人为上市公司的控股子公司或参股公司。上市公司控股子公司

---

① 《担保解释》第九条 相对人与上市公司已公开披露的控股子公司订立的担保合同，或者相对人与股票在国务院批准的其他全国性证券交易场所交易的公司订立的担保合同，适用前两款规定。

② 《国务院关于全国中小企业股份转让系统有关问题的决定》第一条 全国股份转让系统是经国务院批准，依据证券法设立的全国性证券交易场所。

③ 《票据法》第四十五条 汇票的债务可以由保证人承担保证责任。保证人由汇票债务人以外的他人担当。

④ 例如《公司法》第二百一十六条第（三）款、第（四）款，《上海证券交易所股票上市规则》第10.1.2条至第10.1.6条，第17.1条第（七）款等相关规定（深交所规则基本一致）。

指上市公司持有其50%以上的股份，或者能够决定其董事会半数以上成员的当选，或者通过协议或其他安排能够实际控制的公司[①]；参股公司的概念交易所规则未作定义，从子公司定义推论，应为上市公司持股50%以下，或者通过协议或其他安排未实际控制但享有权益的公司。

3. 被保证人与上市公司无前述两种关系，但有经济利益往来的其他主体。例如，保证人与被保人存在互保关系、保证人提供保证作为一笔交易的对价条件等。如考虑"隐存的票据保证"，该类被保证人尤为普遍。例如，上市公司签发银行承兑汇票或商业承兑汇票，作为承兑人的银行或企业即为该类被保证人；上市公司过手背书票据后，其后手也为该类被保证人。

以上为本文讨论问题范围的限定。

三、票据保证的分析

（一）公司对外担保行为分析

分析票据保证，需从其上位概念"公司对外担保"着手。学界有根据保证人与被保证人的关系，将公司对外担保划分为"关联性商事担保"与"非关联性商事担保"[②]或"对内担保"与"对外担保"[③]予以讨论。

然而，行为人之间关系是形式，行为背后的经济目的才是实质。虽担保一般是无偿行为，票据保证必为无偿行为，然此处的"无偿"乃法律上的无偿，并非经济实质上的无偿。公司法人最合乎"理性人"假设，故公司对外担保的，必为获取利益（包括促使经济利益流入或避免经济利益流出）。根据对外担保是否符合保证人自己的利益，笔者将其划为"他益性对外担保"与"自益性对外担保"分别检讨。

[①]《上海证券交易所股票上市规则》第17.1条第（九）款。
[②] 李建伟.公司非关联性商事担保的规范适用分析[J].当代法学，2013(3):76.
[③] 罗陪新.公司担保法律规则的价值冲突与司法考量[J].中外法学，2012(6):1235.

1. 他益性对外担保。公司的关联法人、关联自然人利用其身份便利，为其私利操控公司对外担保，公司关联法人、关联自然人尽享担保利益，公司无利可图并承担风险，是为典型的"他益性对外担保"。对上述"滥保"行为的焦虑，是新《公司法》设置公司、上市公司特殊对外担保规则的由来[①]，也影响至《担保解释》。"他益性对外担保"损害公司财产安全，侵害全部股东或中小股东以及其他债权人的利益，获利者寡，受损者众。接受"他益性对外担保"的债权人，应知其行为损人利己，法律有必要对"他益性对外担保"设置特殊担保规则，通过施以无效之法律后果，惩戒与抑制该不义之行，甚为公平合理。

2. 自益性对外担保。因在法律概念中，母子公司各具独立人格，故公司为其控股或参股公司提供担保，构成法律上的"对外"担保；但从会计口径观之，经济实质重于法律形式，控股子公司纳入公司合并财务报表，参股公司计入公司资产科目（如计入长期股权投资），母子公司实为一体，或至少利益趋同。此处，法律概念与经济实质迥异。笔者认为，母公司为子公司担保，一体获利，是为"自益性对外担保"，主要观点如下：

（1）自益性对外担保是公司的常规商事行为。学界有观点认为，公司对外担保行为不属于公司的常规经营行为，且损害公司中小股东及其他债权人的利益[②]。因此，公司利益相关方难以预知该行为的风险且可能因公司该等行为受损，法律可能需要特别调整，以保护相关方利益。但如区分"他益性对外担保"与"自益性对外担保"，"自益性对外担保"应属公司常规经营行为，未损害公司中小股东及其他债权人利益，且担保行为风险应在公司股东及其他债权人承担的合理范围内。

现代企业为隔离风险，或为便于组织管理等因素，通常集团化经营，母

---

① 李建伟.公司非关联性商事担保的规范适用分析[J].当代法学，2013(3)：77.
② 罗陪新.公司担保法律规则的价值冲突与司法考量[J].中外法学，2012(6)：1241-1242.

公司负责统筹管理，子公司实施生产经营。母公司通过设立若干控股或参股子公司，分别经营采购、生产、销售不同环节，或分别经营不同行业、开发不同项目。因子公司实施生产经营，故经营性或金融性负债（如对外赊购商品、服务，获取银行贷款等）多发生在子公司；而母公司因实际控制多个下属子公司财产，拥有复合多主体的财力，故母公司信用大于子公司。

由于信用能力与负债需求天然分置于母子公司，母公司通过为子公司提供担保的方式输出信用，使其可为负债行为而获利，是现实中企业经营活动常态，故"自益性对外担保"应是公司的常规商事行为。最典型的如，子公司向金融机构融资，母公司为子公司向金融机构提供担保；子公司对外赊购商品，母公司为子公司向供应商提供担保。

（2）子公司因自益性对外担保获利。一是子公司负债行为直接获利。企业赊购商品、服务，用于生产销售，节约现金支出；为购买生产资料、生产制造、研发产品、偿还到期债务，资金不足时向金融机构获取融资乃必需。公司作为理性人，实施经营性或金融性负债必有获利的动机。

二是子公司获利归属母公司。如前所述，子公司是控股子公司的，从合并财务报表口径看，子公司负债行为形成的资产（如赊购取得的原材料、融入的银行存款）、负债（如应付账款/票据、短期/长期借款），以及营业收入、成本、利润，均按权益比例计入母公司合并报表。子公司是参股公司的，同前理，子公司因负债行为所获之利按权益比例归属母公司，反映在母公司对应资产科目价值之中。

尽管母公司为非全资公司负债行为担保，担保利益不全额归属公司，但其作为"理性人"必然会权衡，如对外担保行为的风险收益匹配方可能为之。例如，公司为参股公司担保的，或要求参股公司其他股东给付超权益比例担保的对价（如支付担保费或其他经济利益交换），或参股公司及其负债行为所获之利对母公司有较大收益或战略价值，担保收益必与担保风险匹配。

　　三是母公司提供担保可以增加总体利益。母公司为子公司提供担保，有助于提高子公司负债能力，降低负债成本。就经营性负债，子公司独立信用不足时，如母公司不输出信用，则供应商可能不予赊购，或要求更短账期、更高价格（经营性负债实质是占用供应商资金，供应商会权衡风险收益，添加母公司信用有助于实现赊购、延长账期、降低价格）。就金融性负债，往往母公司提供信用，是金融机构为子公司提供融资的前提，或者更低资金成本等更优厚融资条件的融资对价。同前理，子公司负债获利归属母公司，母公司虽承担了担保风险但总体获利增加，故母公司有提供担保的商业动机。

　　（3）负债与担保风险应属公司相关方合理认知。毋庸置疑，收益必然伴随风险。子公司负债行为赊购商品、融入资金，很可能因产品滞销、研发失败、投资失利和资金链断裂等各种内部经营或外部市场因素，导致谋求的利益不能实现甚至造成损失，母公司因而一并受损。但是，公司经营必有负债行为，负债行为必有风险，公司"自益性对外担保"必然要为获利而承担风险。现代公司制度是市场经济鼓励商业冒险的产物，股东、债权人等市场参与主体，即与公司发生经济关系，认识公司负债行为的必然，母公司"自益性对外担保"的存在与风险收益，应属其合理认知范围。

　　综上所述，"自益性对外担保"乃法律语境下的概念，经济实质上是公司为自己的利益担保，无非获利因权益比例有所差异[①]；而该行为属于常规经营行为，公司的利益相关方应当认识其风险，担保风险应在其合理承受范围之内。

（二）票据保证分析

　　现实经济生活中，票据保证行为是典型的"自益性对外担保"。如开篇所

[①] 诚然，现实经济生活殊为复杂，如公司为非全资子公司担保，该子公司的其他股东是公司的关联法人、关联自然人，则可能构成自益与他益复合的公司对外担保。司法实践需结合行为商业实质、风险收益分担情况综合判断该担保行为是否符合"合理商业判断"。为聚焦问题，本文不就此展开讨论。

述，票据作为一种根植于贸易活动的传统金融工具，在供应链场景中广泛应用，具体如下：

1. 一般票据保证。如前述"信用能力与负债需求分置于母子公司"之理，子公司可以向供应商签发并自行承兑票据赊购商品，如供应商认为子公司信用能力不足而不愿接受其承兑的票据，则子公司可以借助母公司为其签发票据提供出票保证或承兑保证，增强票据信用，提高供应商接受票据意愿。该等出票保证、承兑保证行为较为常见。

子公司背书取得其下游企业承兑的票据，可以用于支付给其上游企业赊购商品，或向金融机构申请融资，如该票据上出票人、承兑人、背书人总体信用能力不足，阻却票据融通，子公司可以申请母公司提供背书保证，以助力票据融通。该等背书保证行为相对较少。

2. 隐存的票据保证。公司自觉或不自觉地实施隐存的票据保证，实务中更为普遍，主要如下：

一是公司作为背书人的保证。票据具有背书流转功能，公司背书取得票据后，可以转让背书、质押背书给供应商或金融机构用于融通。票据一经公司过手，公司即对后手承担保证责任。此等情形实务中较为常见，金融机构也会基于前手强信用背书人的信用，为后手持票人提供融资。

二是公司作为出票人的保证。出票人与承兑人非同一人时，如公司签发银行承兑汇票，或母子公司分别出票与承兑，则出票人公司对银行、承兑人及后手承担保证责任。由于我国商业信用有待发展，公司包括上市公司及其子公司大量使用银行承兑汇票，公司因出票而为的隐存的票据保证行为也十分普遍。

通过分析行为的经济实质，回归法律语境，包括票据保证（含隐存的票据保证）在内的公司"自益性对外担保"，实质是以营利为目的、经营性的商事行为。诚然，票据保证也存在"他益性对外担保"等特殊情形，但基于票据的特性，也不宜适用特殊担保规则，后文详述。

四、票据保证除外的理由

基于前述铺陈，笔者认为上市公司票据保证行为不宜适用特殊担保规则，我们主要从以下三个维度分析检讨。

（一）规则分析

票据行为属于民事法律行为，而又特别于一般民事法律行为，故票据行为的要件也包括权利能力与意思表示，既适用一般民事法律行为原则，而又富其特色。具体分析如下：

1. 公司具有完全票据能力。票据行为是民法上的法律行为，应具备民法上规定的一般法律行为要件，票据当事人的权利能力与行为能力，原则上依民法的一般规定[①]。根据《民法典》第五十九条，"法人的民事权利能力和民事行为能力，从法人成立时产生，到法人终止时消灭。"故法人权利能力、行为能力始于成立，终于消灭，且行为能力不适用自然人无民事行为能力、限制民事行为能力、完全行为能力的划分。

至于法人权利能力的限制，则可能因性质、因法令、因目的受限[②]。其中，自然人专属权利因性质而法人不能享有，不必讨论，需讨论者如下：

（1）我国现行法未限制公司票据权利能力。根据《票据法》第四十五条，"汇票的债务可以由保证人承担保证责任。保证人由汇票债务人以外的他人担当"。《票据法》第四节保证制度相关规则，仅限制票据保证人不能是票据债务人本人，而再无他限。此外，相关下位法规如《票据管理实施办法》《支付结算办法》《电子商业汇票业务管理办法》等，未见限制公司票据权利能力规定。《电子商业汇票业务管理办法》第七条，"票据当事人办理电子商业汇票

[①] 谢怀栻著，程啸增订.票据法概论[M].北京：法律出版社，2017：48.

[②] 史尚宽.民法总论[M].北京：中国政法大学出版社，2000：153-156；江平.民法学[M].北京：中国政法大学出版社，1999：144-145.

业务应具备中华人民共和国组织机构代码"。依该条规定可以推论，公司法人
依法"登记"设立，即享有票据权利能力。依谢怀栻先生观点，我国今天在票
据权利能力方面并无严格限制[1]。

（2）公司章程不限制公司票据行为。大陆法系国家德国、法国均采用公
司能力之无限制说[2]，日本通说及判例认为法人的行为能力限定于章程所定
的目的[3]，我国《民法典》也无此项明文规定。即使依章程目的限定说，章
程所定的目的不仅是章程中作为目的而明示的事业，也包括为该事业的实现
所必要的或者有益的行为范围之内[4]。如前文行为分析之理，包括票据保证
行为在内的票据行为，通常属于公司的常规性经营性行为，应推定在公司章
程范围之内。《票据法》的根本任务在于保护合法持票人的权利，保障票据
的安全与流通，如限制法人的票据能力，显然不仅不利于保护善意第三人，
而且有碍于票据的安全与流通[5]。并且，即使票据行为基于章程范围外的行
为而为，由于票据行为的抽象性，违反章程目的原因关系行为与票据行为自
身的效力无关[6]。

综上所述，公司法人具有完全票据能力，盖无于能力方面，否认公司法人
票据保证行为的效力。

2. 票据行为特别于民事行为。

（1）票据行为的生效特别于民事行为。票据行为与一般法律相比特色鲜
明，包括抽象性、文义性、独立性、要式性等，这些特色最终都是由票据行为
的书面行为性发展而来[7]。票据行为的要式性与票据效力最为相关，它是指票

---

[1] 谢怀栻著，程啸增订.票据法概论[M].北京：法律出版社，2017：49.
[2] 史尚宽.民法总论[M].北京：中国政法大学出版社，2000：154.
[3] 铃木竹熊著，前田庸修订.票据法·支票法[M].赵新华，译，北京：法律出版社，2013：102.
[4] 同[3].
[5] 汪世虎.票据法律制度比较研究[M].北京：法律出版社，2003：43.
[6] 同[5]。
[7] 铃木竹熊著，前田庸修订.票据法·支票法[M].赵新华，译，北京：法律出版社，2013：87.

据行为均有其法定的行为方式，不允许行为任意加以选择或变更①。要式性应做两面理解，一是作成票据行为必得按法定方式，二是作成票据行为仅得按法定方式。票据行为生效以法定方式书面记载为前提条件，一是必须书面记载法定必要记载事项，二是票据行为人必须签章。国内外法律就票据的签章要式，尚未见签章外尚需组织决议以支持签章效力。

一者，《票据法》未有票据签章之外尚需决议、公告的规定。根据《票据法》第四条、第二十二条、第二十九条、第四十二条、第四十六条，汇票的出票、背书、承兑、保证行为均以签章为必要条件。根据《票据法》第七条第二款规定，法人在票据上的签章，为该法人的盖章加其法定代表人或者其授权的代理人的签章。根据《中华人民共和国电子签名法》《电子商业汇票业务管理办法》规定，法人在电子商业汇票上的签章，为法人可靠的电子签名，与法人盖章具有同等的法律效力②。

二者，以大陆法系国家较为通行的"日内瓦统一票据法"为例，也仅规定签名为要式之一，未有签名外尚需组织决议的规定。如《日内瓦统一汇票本票法公约》第一条、第十三条、第二十五条、第三十条、第三十一条，关于汇票签发、背书、承兑、保证的要式规则，仅规定行为人签名③。

---

① 汪世虎.票据法律制度比较研究[M].北京：法律出版社，2003：69.
② 《中华人民共和国电子签名法》第十四条　可靠的电子签名与手写签名或者盖章具有同等的法律效力。
　《电子商业汇票业务管理办法》第十四条　票据当事人在电子商业汇票上的签章，为该当事人可靠的电子签名。
③ 《日内瓦统一汇票本票法公约》第一条　汇票须记载下列事项：（一）"汇票"一词，载于票据主文中，并以票据文本所使用之语文表明……（八）开票人（出票人）之签名。
　第十三条　背书须写于汇票或其黏单（附页）上，并由背书人签名。
　第二十五条　承兑应写于汇票上，以"已承兑"或其他同义词语表明，并由付款人签名；仅有付款人于票面签名亦构成承兑。
　第三十条　汇票之全部或部分金额得以保证方式保证付款。上指保证得由第三人或在汇票上签名之人作出。
　第三十一条　保证应在汇票或其黏单上作出。保证得以"与保证同"或其他同义词语表示，并由保证人签名。仅有保证人在票面上签名，亦视为保证成立，但付款人或出票人之签名除外。

笔者认为，如票据保证适用特殊担保规则，不符合我国现行成文法与国际通行票据法体例，违背票据立法促进票据便捷流通与保护交易安全的目的。且《担保解释》颁布前，《公司法》中特殊担保规则并未适用于票据行为，新颁布的《民法典》未设置特殊担保规则，如认可票据保证行为适用特殊担保规则，实则认可司法解释可以立法增加法定外的票据要式，颠覆《票据法》的法定要式。

（2）票据行为的瑕疵特别于民事行为。票据行为人需要以无瑕疵的意思而进行，因而在意思欠缺或瑕疵的场合，行为效力瑕疵。关于这一点在《票据法》上并无特别规定，通常认为只能适用民法有关意思表示的一般规定，但如果考虑到票据行为的特性，则不能原封不动地适用[1]。综合学界通说，民法上的欺诈、胁迫、趁人之危，恶意串通损害他人合法权益的效力瑕疵，只能对抗直接当事人，不能对抗善意持票人；以合法形式掩盖非法目的（现行《民法典》上的"虚假表示与隐藏行为"）、违反法律或者社会公共利益的效力瑕疵，只要票据行为符合《票据法》规定，构成原因关系的瑕疵而非票据行为的瑕疵[2]。前述通说法理在于票据行为的抽象性与票据立法的技术性。

票据行为的抽象性，又称无因性，是指票据行为成立后，即与其基础的原因关系相分离，原因关系不存在或无效，均不影响票据行为的效力[3]。因此，公司法人的行为因缺乏内部决议，仅构成原因关系效力的瑕疵，票据行为只要按《票据法》规定作成，即发生《票据法》效力。至于原因关系效力问题，则由当事人基于原因关系请求归责。

① 铃木竹熊著，前田庸修订.票据法·支票法[M].赵新华，译，北京：法律出版社，2013：106.
② 相关理论辨析详见：铃木竹熊著，前田庸修订.票据法·支票法[M].赵新华，译，北京：法律出版社，2013：106-109；谢怀栻著，程啸增订.票据法概论[M].北京：法律出版社，2017，50；汪世虎.票据法律制度比较研究[M].北京：法律出版社，2003：44-45.
③ 汪世虎.票据法律制度比较研究[M].北京：法律出版社，2003：73.

法律规定包括具有道德意义的和具有技术意义的,《票据法》更多是技术性规定。当事人违反技术性规定,就要承受不利的后果[1];反之,当事人遵守技术性规定,应推定享有法定的权利。《票据法》的道德性规定,主要针对恶意持票人,发生对人的抗辩。

前述法理,均归根于《票据法》更加追求效率价值,票据立法应实现促进票据便捷流通与保护交易安全的目的。

因此,票据行为特别于一般民事行为,基于特别法优先于一般法的原则,公司票据保证行为只要符合《票据法》规定,即为有效。至于公司依据《担保解释》公司行为欠缺有效决议或公告,仅可能否定原因行为的效力,而不能否定票据行为的效力。

3.《担保解释》不调整票据保证行为。《担保解释》中所调整的担保行为属于典型担保,即《民法典》规定的保证和担保物权[2]。鉴于大陆法系民法典中的债法实行合同原则[3],我国《民法典》上的保证设置于"第二分编 典型合同"项下"第十三章 保证合同",故我国《民法典》上的保证仅限合同行为,《担保解释》调整的保证也限于合同行为。

票据行为存在"契约行为说"与"单方行为说"两种对立观点[4]。学界通说认为,大陆法系国家多主张票据行为是单方行为,英美法系国家主张票据行为属于合同行为[5]。虽然两种观点推导出的行为结果并无实质差异,但论及《担保解释》是否调整票据行为时,票据行为是否为单方行为尤为重要。

---

① 谢怀栻.票据法概论[M].北京:法律出版社,2017:30.
② 林文学,杨永清,麻锦亮,等."关于一般规定"部分重点条文解读[N].人民法院报,2021-02-11(1).
③ 迪特尔·梅迪库斯著.德国债法总论[N].杜景林,卢谌,译,北京:法律出版社,2003:54-55.
④ 相关理论辨析详见:铃木竹熊著,前田庸修订.票据法·支票法[M].赵新华,译.北京:法律出版社:67-80,110-112;汪世虎.票据法律制度比较研究[M].北京:法律出版社,2003:30-37.
⑤ 谢怀栻著,程啸增订.票据法概论[M].北京:法律出版社,2017:146;汪世虎.票据法律制度比较研究[M].北京:法律出版社,2003:35.

一者，《票据法》第十九条、第七十三条、第八十一条①，就汇票、本票、支票的发票行为均采用"签发"的表述。票据一经出票人书面记载法定必要记载事项加盖签章并发出，即为有效票据，故我国《票据法》采用"单方行为说"。

二者，根据民法原理，意思表示的成立要件应有表示行为，即表意人须将其内在意思表示于外。如出票人作成票据后保留而未向相对人发出，难以推定出票人发票的意思表示成立。

三者，无论"单数契约说""复数契约书"，都不能很好地解释票据行为的独立性。例如伪造签发票据时，其他真实签章行为人的票据行为为何有效；因为如果契约创始时即为无效的，后加入契约的行为如何有效。契约说如欲自圆其说又必须通过补充其他理论补强修正。

因此，笔者较为赞同汪世虎先生观点，我国《票据法》采用"单方行为说"的"发行说"②。据此，《票据法》的票据行为系单方行为，票据保证行为系单方行为③。

如依前述观点作规则分析：《民法典》《担保解释》调整保证合同行为，而票据保证行为系单方行为，故《民法典》《担保解释》不调整票据保证行为，票据保证行为当然不适用特殊保证规则。

特别地，就隐存的票据保证，根据《票据法》第二十六条、第七十三条规定④，出票行为或背书行为产生的保证责任，非基于行为人的意思表示发生，

---

① 《票据法》第十九条　汇票是出票人签发的，委托付款人在见票时或者在指定日期无条件支付确定的金额给收款人或者持票人的票据。

第七十三条　本票是出票人签发的，承诺自己在见票时无条件支付确定的金额给收款人或者持票人的票据。

第八十一条　支票是出票人签发的，委托办理支票存款业务的银行或者其他金融机构在见票时无条件支付确定的金额给收款人或者持票人的票据。

② 汪世虎.票据法律制度比较研究[M].北京：法律出版社，2003：35-37，396.

③ 票据保证与民法上保证的比较分析，详见：汪世虎.票据法律制度比较研究[M].北京：法律出版社，2003：396-397.

④ 《票据法》第二十六条　出票人签发汇票后，即承担保证该汇票承兑和付款的责任。

第三十七条　背书人以背书转让汇票后，即承担保证其后手所持汇票承兑和付款的责任。

而系基于法律的特别规定而存在，属于一种法定的行为后果①。特殊担保规则乃调整公司欠缺意思表示要件时的效力问题，而隐存的票据保证即非基于意思表示发生，隐存的票据保证自然更不归特殊担保规则调整。

综上所述，规则分析的结论是，现行成文法未规定票据行为以决议、公告为要式，且《民法典》《担保解释》不调整票据保证行为，该规则仅可能否认原因行为的效力，不可能否认票据保证行为的效力。

（二）价值分析

然而，规则分析的阶段性结论不能作盖棺定论，考虑到票据保证人为上市公司时，涉及公众公司、投资人、债权人多方特殊法益，是否仍应类推适用特殊担保规则，也需从价值维度谨慎检讨。本章价值分析的前提是，票据保证如前所述是典型的"自益性对外担保"。如公司利用票据实施"他益性对外担保"等特殊情形，需另行检讨。

1.《票据法》与《担保解释》的价值对立。本文讨论问题的发生，实则源于《票据法》与《担保解释》所偏向价值之间的矛盾。

《票据法》更加注重效率价值。票据源于商人世界②，具有支付工具、信用工具、汇兑工具之经济性功能③。如前所述，票据立法的目的在于实现并促进票据便捷流通与保护交易安全，因而更加注重效率价值。票据立法的技术性，票据行为的要式性、抽象性、文义性、独立性等特色，均是票据立法目的与效率价值偏向的体现。《票据法》只有通过对受让人的强力保护，促使受让人更愿意接受票据，才可能实现其立法目的与价值导向。

与《票据法》相对，《担保解释》特殊担保规则更加注重公平价值。如前所述，公司对外担保涉及公司、公司大股东、中小股东（投资人）、其他债权

---

① 谢石松.论票据保证[J].法学评论，1996（4）：43.
② 肖小和.票据史[M].北京：中国金融出版社，2020.
③ 铃木竹熊著，前田庸修订.票据法·支票法[M].赵新华，译，北京：法律出版社，2013：39-46.

人多方利益。公司关联法人、关联自然人利用其身份便利，为其私利操控公司对外担保（他益性对外担保），则可能同时损害公司财产安全、公司全体股东、其他债权人等各方利益。此情形下，为保护公司及其他相关方的利益，应当对恶意债权人苛以无效的法律后果。

2. 票据保证除外不损害公平价值。票据保证是否适用特殊担保规则，因该问题内含公平与效率的价值矛盾，易使人法感纠结。然而穿透经济实质分析，票据保证除外并不损害公平价值，具体分析如下：

（1）从担保权人角度观之无损。担忧票据保证行为损害公平价值，关键在于担保权人有恶意之嫌。综合国内学界通说，担保权人对公司章程、决议进行"合理的形式审查"，是其构成善意的前提。担保权人未尽"合理的形式审查"的，则构成恶意。鉴于上市公司行为的公示性，被背书人签收票据前可以通过公开披露信息获悉上市公司的票据保证行为公告与否；如票据行为也适用通说，被背书人未查阅或查阅后明知无公告而背书取得票据，定然构成恶意，上市公司得以据此抗辩。

然而《票据法》是技术性很强的法，在一般情况下不讲善意和恶意问题，且不能笼统适用民法上诚实信用原则[1]。《票据法》上涉及行为人恶意问题主要如下：一是行为人通过侵权行为取得票据；二是行为人明知或可得知让与人无权处分而仍取得票据；三是行为人明知存在抗辩事由而取得票据[2]。前述一二者不适用本文讨论情形，三者也不适用，理由是：如票据保证适用特殊担保规则，行为人明知上市公司未对票据保证公告而取得票据，上市公司不能对持票人主张"对人的抗辩"，全因《票据法》第十三条"恶意抗辩"规则[3]，特指票据债务人基于原因关系主张抗辩[4]，而非基于意思表示瑕疵的

① 谢怀栻.票据关系中的善意与恶意[N].人民法院报，2000-10-27(3).
② 同①。
③《票据法》第十三条　票据债务人不得以自己与出票人或者与持票人的前手之间的抗辩事由对抗持票人。但是持票人明知存在抗辩事由而取得票据的除外。
④ 谢怀栻著，程啸增订.票据法概论[M].北京：法律出版社，2017：73.

抗辩，故不适用。

支持票据保证的担保权人实质上不构成恶意，也需回归行为的经济实质检讨，主要论据如下：

一是票据收款人通常处于弱势地位。如前所述，票据行为的发生根植于贸易，即票据的签发、背书通常基于贸易相关的原因关系。我们可以断定，票据的收款人，即票据签发环节原因关系中的卖方，必为弱势一方，理由是：强势的卖方绝难接受票据这一远期支付工具，但凡有足够议价能力的卖方，必然要求买方尽快支付现金。实务中，包括上市公司在内的大型企业，通常处于供应链关系上的强势地位，弱势的供应商欲与之达成交易，不得不接受一定付款账期或票据支付结算。相比于非制式且难以融通的应收账款债权，票据债权金额与期限确定，保护力更强且便于融通，接受票据乃弱势供应商最优之选。取得添加上市公司出票或承兑保证的票据，已属弱势地位的供应商的议价极限，遑论要求母公司公告。

二是上市公司无动力实施公告。一者票据基于真实贸易背景签发，故在企业日常生产经营过程中发生频繁，且票据金额普遍较小，通常在几万元至几百万元。要求上市公司为该频繁发生的小额担保行为，耗费管理资源与经济资源召集董事会或股东大会履行决议程序并实施公告，实属奢望。二者上市公司票据保证行为如类推适用特殊担保规则，上市公司可因无公告而免于票据保证责任，反而有动力不为公告。

三是后手持票人无补救能力。未公告的加保票据一经签发流转后，后手持票人与上市公司并无直接贸易关系，加之其处于更弱势地位，接受票据时无力要求上市公司补充公告，上市公司也无动力为之。因此，后手持票人接受无公告加保的票据，实属无奈，而非恶意。如票据保证行为类推适用特殊担保规则，本来信用加强的票据，反而因票据保证无效不便于融通，效率价值尽失。

四是隐存的票据保证性质不适用决议公告。如前所述，隐存的票据保证乃法定责任而非基于意思表示的责任。行为人出票、背书行为的性质，系为清偿的给付[①]。实务中，公司出票、背书，均为清偿债务，出票人、背书人、被背书人均未视之为保证行为。如要求债权人审查债务人清偿债务行为是否为有效决议，则过于荒谬，遑论公告。实际情况是，如非深究学理，实务界尚未意识特殊担保规则对隐存的票据保证的可能影响。诚然，罗马法谚有云："不知法律不免责"，但如法律规则远超一般人的认知能力，仍科以严重后果，则过于苛刻。

综上所述，票据保证行为中，保证人与保证权人孰善孰恶，不言自明。如坚持机械地从程序方面考察相对人的善意与否，本本教条，脱离实际，显失正义。因此，笔者认为从担保权人角度观之，票据保证并未损害公平价值，如果类推适用特殊担保规则反而有违公平。此情形或可借用刑法概念，即担保权人无"非难可能性"，如仍施以保证无效的后果，实属对担保权人过于苛刻。

（2）从担保人角度观之无损。一是公司为票据保证行为，不损害公司及利益相关方利益。公司法作为商事组织法的价值立场在于，首先要维护作为担保人的公司财产安全及其股东利益，但同时也注意保护善意债权人的利益，但反对无原则的保护存在恶意或者有过错（未尽到最低限度的审查义务的）债权人[②]。在"他益性对外担保"的情形下，笔者赞同该观点的结论而非理由。

然而票据保证行为中，如前行为分析所述：一者，子公司负债从经济实质上即是母公司的负债，母公司履行保证责任经济实质上是为清偿自己的债务，故母公司为票据保证行为未侵犯公司财产安全及其股东利益[③]；二者，母公司为票据保证行为，是为通过子公司的经营性负债行为获利，自然应当承担负债行为对应的风险。

---

① 迪特尔·梅迪库斯著.德国债法总论[M].杜景林，卢谌，译，北京：法律出版社，2003：196.
② 李建伟.公司非关联性商事担保的规范适用分析[J].当代法学，2013(3)：85.
③ 子公司为参股公司的，母公司为担保行为的，已取得合理对价，风险收益匹配。

诚然，上市公司作为公众公司，上市公司财产安全与投资人的知情权等权益尤为重要，法律应规定信息披露等制度加以保护。但应特别强调，票据上担保权人即持票人或背书人（适用于再追索时），其身份是债权人，基于法律保护债权人的原则，除有债权人与公司关联法人、关联自然人相勾结侵害公司财产及其他股东利益的恶行外（他益性对外担保），法律应当鲜明地保护债权人。但如为保护公司财产安全与其股东权益，而一概科以债权人受领担保无效的后果，则如同刑法上过度保护嫌疑人的人权，牺牲被害人的人权，有矫枉过正之嫌。

二是票据保证行为下，要求担保权人审核担保人决议公告不妥。就公司事项而言，其性质上非属公司经营事项，且公司担保多发生于银行信贷实践之中，商业银行为信贷资金的安全，同时其在担保交易关系中纯获利益，理应负担较重的审查义务[①]。笔者也在"他益性对外担保"情形下，部分赞同该观点的结论而非理由。

然票据保证行为中，一者无论是否为隐存的票据保证，在经济实质上，同前理，子公司签发票据是为清偿债务，母公司履行保证责任经济实质上是为清偿自己的债务，如要求债权人审核债务人清偿债务行为是否决议公告，实为不妥。二者该情形下如要求债权人对公司决议、公告审核义务，反而助长公司故意为瑕疵决议或不为公告的行为，有违"任何人不得从自己的错误行为中获益"之理，下文详述。

3.适用特殊担保规则公平效率价值皆损。如上市公司票据保证类推适用特殊担保规则，则公平与效率价值皆损，具体分析如下：

（1）特殊担保规则抑制票据使用与融通。票据制度突出优势，乃持票人一般仅基于票据外观即可享有票据权利，因此票据的使用与融通极为便捷。上市公司添加票据保证（包括隐存的票据保证）的票据，总体信用增加，更有助于

---

① 高圣平.公司担保相关法律问题研究[J].中国法学，2013（2）：110.

票据融通。

　　然如类推适用特殊担保规则，则票据的收款人、背书人，提供票据融资的金融机构，均有义务审查票据保证人是否决议公告。实务中，审查上市公司对外担保的决议与公告绝非易事，审查要点包括主体界定、审议程序、披露要素等多个方面，此处从律师界发布的《上市公司担保合规审查指引手册》[①]可见一斑。根植于供应链场景的票据签发与流转，通常金额较小且频繁发生，因而审查相对成本极高，无疑加重票据后手的负担，增加其票据接受抗性。

　　特别地，就出票或背书等隐存的票据保证行为，上市公司通常视为日常生产经营购买行为，属于非披露事项[②]，也未见上市公司就出票行为或背书行为作信息披露。如类推适用特殊担保规则，上市公司或其控股子公司签发银行承兑汇票，承兑人银行须作特别审查；签收过手上市公司或其控股子公司的票据，也须作特别审查，显然不妥。

　　上市公司乃行业龙头领先企业，为供应链上关键环节。业经上市公司签发、加保或过手的票据，因附着其强信用，得以赋能上游，便于上游企业特别是中小企业的使用与融通。然如类推适用特殊担保规则，票据所附着的强信用反而面临巨大不确定性。如此的后果，供应商如接受该类票据，背书流转与贴现融资难度大幅增加；如不接受票据，持有非票据结算应收账款，权利保护性更弱且融通不便。

　　综上所述，如票据保证类推适用特殊担保规则，导致加保票据信用下降，抑制融通，降效增费，实属不妥。

　　（2）特殊担保规则扭曲风险收益分配。就应然层面而言：

　　一者，股权投资风险收益高于债权属市场规律。对投资人，如股海搏杀成

[①] 天同律师事务所发布《上市公司担保合规审查指引手册》，手册概要参见：https://zhuanlan.zhihu.com/p/365875531.

[②] 《上海证券交易所股票上市规则》《深圳证券交易所股票上市规则》第9.1条均规定，"购买或者出售资产"属于上市公司应披露事项，但不包括购买原材料、燃料和动力，以及出售产品、商品等与日常经营相关的资产购买或者出售行为。

功，则回报丰厚，自然应承担较高风险；对担保权人，通常为供应商或金融机构，票据到期兑付所获之利，仅为销售利润或贴现利息，数倍乃至数十倍低于股票投资成功收益，自然应承担较低风险。

二者，股东分享公司收益应承担风险。如前所述之理，母公司为了子公司利用日常经营性负债获利，而为票据保证行为。子公司使用票据赊购生产资料，有助于其维持或扩大生产，缓解现金流压力，母子一体获利，股东的股东即投资人也因此获益；如子公司经营失败，母公司应承担保证责任受损，投资人也间接受损。享受收益即承担风险，公平合理。

如类推适用特殊担保规则，则实然层面后果为：如子公司经营失败，持票人/担保权人票据债权几尽全部灭失（破产清偿率极低且程序漫长）；提供担保的母公司无须履行本应承担的保证责任，母公司的股东（投资人）也因母公司免责获利。债权人本来获利较小，却损失极重，股东获利空间丰厚，却损失更小。如此，担保权人、担保人、投资人之间风险收益分配产生扭曲。持票人并未作恶（理由见前述），却损失惨重，是否公平，殊值商榷。

（3）特殊担保规则助长背信行为。票据基于日常生产经营发生，初始债权人/持票人是供应商，其无力要求上市公司提供决议与作出公告。而金融机构尚能于提供融资前要求上市公司提供决议与作出公告，否则可以拒绝提供融资（现实经济活动中，因监管压力、市场竞争、资金供需关系等因素，金融机构也未必能如此强势）。

公司是资本，资本是无道德性的。马克思《资本论》中名言曰：如果有百分之二十的利润，资本就会蠢蠢欲动；如果有百分之五十的利润，资本就会冒险；如果有百分之一百的利润，资本就敢于冒绞首的危险；如果有百分之三百的利润，资本就敢于践踏人间一切法律。

现行法下，上市公司未履行信息披露义务的法律后果较轻，免于担保责任获利甚重。资本的公司，理性人的公司，是否可能故意为瑕疵的决议或恶意不为公告，不言自明。

特殊担保制度有保护公司财产安排与投资人权益的善良初衷，然运行中反而可能助长担保人背信而侵害债权人，令人焦虑。

综上所述，价值分析的结果是，如特殊担保规则类推适用票据保证行为，既不公平，也无效率。诚然，公司财产安全与投资人权益须要特别保护，但是否值得以债权人所受担保无效为代价，实值商榷。

正因票据保证行为是典型的"自益性对外担保"，经济实质符合"合理商业判断"（reasonable business judgment），故"票据保证除外"经得住价值分析推敲。在比较法上，美国公司法并不从程序上限制公司对外担保，但却依公司担保是否给公司带来利益来作实质判断，如果依"合理商业判断"标准，公司担保并不能为公司带来直接利益或间接利益，公司担保即为无效[①]。

（三）实效分析

如仍坚持票据保证类推适用特殊担保规则，我们可继续检讨类推适用后的实效，具体如下：

1. 规则的易规避性。如类推适用特殊担保规则，则实务中，通过子公司出票、上市公司承兑，即可轻易规避。如前所述，上市公司日常生产经营购买行为属于非披露事项，也无须决议。子公司为日常生产经营需要签发票据赊购生产资料，作为其母公司的上市公司统一付款，合情合理，依法合规无须决议与公告。如隐存的票据保证得以放宽除外，还可子公司出票，上市公司通过收票过手添加信用，也可规避。

实务中，子公司收支财务独立核算的，一般由子公司独立签发并承兑票据，如需要母公司输出信用的，则由母公司添加出票或承兑保证；母子公司收支财务统一核算的，则采用子公司出票、集团承兑的方式签发票据（部分上市

[①] Phillip I. Blumberg, Intragroup (Upstream, Cross-stream, and Downstream) Guaranties under the Uniform Fraudulent Transfer Act, 9 Cardozo L. Rev. 685, p. 692. 转引自：高圣平. 公司担保相关法律问题研究[J]. 中国法学，2013（3）：114.

公司已采用该模式）。

如强制类推适用特殊担保规则，部分尚未处于绝对强势地位的上市公司为提高其票据可融通性，以提高其供应商接受其签发票据意愿，不得不改造其财务管理架构，空耗改造成本。绝对强势的上市公司则可选择拒绝改变，毫不作为，风险推由供应商与金融机构自担。

综上所述，如类推适用特殊担保规则，市场主体可以轻易规避；如不得不为规避行为，则空耗改造成本，加重企业负担；而绝对强势者更可放任不为，推由弱势者承担风险。

2. 公告的操作性。如类推适用特殊担保规则，《担保解释》第九条所述"公开披露"，是指上市公司"年度担保计划公告"，还是仅限定于"特定对外担保事项公告"，特殊担保规则未明确规定。无论如何解读，上市公司公告票据保证均无可操作性，具体分析如下：

一者，如《担保解释》第九条所述"公开披露"仅限定于"特定对外担保事项公告"，则无疑于实质废止上市公司或其控股子公司票据保证能力。原因是，如前所述，票据基于真实贸易背景，在企业日常生产经营中频繁签发，金额较小；如要求上市公司为小额频繁担保事项召开董事会、股东大会并发布公告，无法满足日常生产经营支付时效，也极其不经济。故实务中上市公司不可能就其或其控股子公司的票据保证事项逐笔公告。

二者，如《担保解释》第九条所述"公开披露"可以是上市公司"年度担保计划公告"，又不能实现司法解释目的。原因是，实务中，上市公司一般会于年初披露其年度担保计划，概括性披露被担保的公司全资子公司、控股子公司、公司及其控股子公司的联营企业或合营企业名单，以及计划担保总额度，各子企业计划担保额度等事项；上市公司如欲为"他益性对外担保"，可以藏匿于年度担保计划之中，投资人也无法从担保计划内容中知悉后续实际对外担保情况。故如解读"公开披露"可以是"年度担保计划公告"，并无保护上市公司财产安全、投资人知情权等权益的实际意义。如解读"公开披露"包括

"年度担保计划公告"及"特定对外担保事项公告"或"担保事项后续进展公告"，则又回归前述一者，上市公司因时效性和成本性无法逐笔披露票据保证事项。

三者，实务中罕有上市公司披露其子公司"年度担保计划"，同前述之理，即使认可"年度担保计划公告"，也实质废止上市公司控股子公司票据保证能力。

四者，无论如何解读"公开披露"，如前所述之理，"隐存的票据保证行为"因不属于应披露事项，上市公司无须就此公告。

综上所述，上市公司公告票据保证无可操作性，也难以实现保护公司财产安全与投资权益的实效。

3.善意判断的可能性。如前所述，从实质角度，供应商接受添加未经上市公司公告之保证的票据，难以从程序方面苛责其存在恶意。如从程序角度考察供应商善恶，后果是法律倾轧弱者，反而不正义。

仅可能对金融机构从程序方面考察其善恶。但如要求金融机构须从程序方面，审核上市公司票据保证是否为决议和公告，则供应商被迫接受有保证瑕疵的票据后，无法使用该瑕疵票据从金融机构获取融资，结果仍是弱势供应商受害。

因此，票据保证行为中，对供应商、金融机构从程序方面判断其善恶反而引发不正义的后果，如类推适用特殊担保规则，司法裁判中的对持票人善恶判断也将面临难题。

（四）特殊情形

1.他益性票据保证行为。公司的关联法人、关联自然人为了自己的利益，操控公司为票据保证行为（含隐存的票据保证），是为他益性票据保证行为。该行为的效力问题较为复杂。

一者，不能依《民法典》第一百五十三条主张违反强制性规定认定无效。

虽依《担保解释》第八条的解释，《公司法》第十六条上升为效力规范，除《担保解释》第八条所列的豁免事项，公司无决议对外担保无效；然如前规则分析所述，现行法下票据保证不以决议公告为要件，故不能适用《民法典》第一百五十三条主张无效。

二者，不能依《民法典》第一百五十四条主张恶意串通无效。所谓恶意串通，是指行为人与相对人互相勾结，为牟取私利而实施的损害他人合法权益的民事法律行为[①]。然该行为人乃保证人的关联法人、关联自然人与被保证人之间的串通，而非保证人与被保证人之间的串通，保证人也是受害者，故不能适用《民法典》第一百五十四条主张无效。

三者，该类票据保证行为一经作成，即具有完整的权利外观，善意持票人仍受保护。基于票据行为的独立性，即使类推适用恶意串通规则，通谋虚伪意思表示的票据行为在行为人和相对人之间无效，其无效并不影响行为人和善意持票人的票据责任[②]，票据保证人仍应承担票据责任。

因此，他益性票据保证虽为不义之行，但并未违反民法效力规范，只要该行为符合《票据法》上的票据要件，应认定有效，保护善意持票人。如欲保护保证人与其股东权益，保证人可以另行向其关联法人、关联自然人主张其他民事权利寻求救济。

2. 脱法票据保证行为。脱法行为，谓将强行法规定的事项，欲以其他方法迂回达成的行为[③]。例如上市公司为了自己的利益，为规避信息披露规则等规范，可能选择借道票据保证实现，是为脱法票据保证行为。脱法票据保证行为虽不损害上市公司利益，但损害投资人知情权，也为不义之行，但依然不能类推适用特殊担保规则。

---

① 中华人民共和国民法典（实用版）[M]. 北京：中国法制出版社，2020.
② 汪世虎. 票据法律制度比较研究》[M]. 北京：法律出版社，2003：88.
③ 史尚宽. 民法总论[M]. 北京：中国政法大学出版社，2000：333.

一者，依法理，脱法行为是否有效，应分别考察。大体言之，在以保护经济的弱者为唯一目的的法规，其违反的行为为无效的要求甚强，以经济安全为主要目的的法规，以其违反的行为为无效的要求甚微[1]。《票据法》显然是以经济安全为主要目的的法规，故不宜科以无效。

二者，脱法票据行为乃保证人与被保证人之间的行为，只要票据具有完整的权利外观，且持票人不知脱法票据行为的事实，应当保护善意持票人权利。

三者，如认定票据保证无效，公司免于票据保证责任，公司反而从中获益，有违"任何人不得从自己的错误行为中获益"之理。

3. 票据伪造。票据伪造可以通过伪造签名、加盖伪造印章、盗用真实印章或者将其为其他目的而为之或者记名盖章转用于票据等方式进行[2]。传统票据伪造理论适用于纸质票据；电子票据时代，行为人为票据行为使用电子签章而非实体签章，票据伪造手段已不同于传统票据理论上的方式。

在电子票据时代下，伪造票据的手段主要有二：一是不法分子冒用其他单位身份开立账户，并通过该冒名账户作出票据行为，该行为等同加盖伪造印章，较为常见；二是不法分子盗窃已开通票据功能的银行账户密码、Ukey，使用该盗用账户作出票据行为，该行为等同盗用真实印章，较为罕见。

随着商业承兑汇票信息披露制度[3]的实施，原来较为常见的不法分子冒名开户签发伪假票的行为可能渐少，但针对未启用"票据账户主动管理服务"[4]的企业，不法分子冒名开户后利用较强信用的被冒名企业，通过添加票据保证的方式实施诈骗的现象可能存在[5]。

就伪造票据，通说认为，被伪造名义的本人，当然不负担票据上责任。伪

[1] 史尚宽.民法总论[M].北京：中国政法大学出版社，2000：333.
[2] 铃木竹熊著，前田庸修订.票据法·支票法[M].赵新华，译，北京：法律出版社，2013：132.
[3]《关于规范商业承兑汇票信息披露的公告》（中国人民银行公告〔2020〕第19号）。
[4]《票交所关于开通票据账户主动管理服务的通知》（上海票据交易所）。
[5] 例如，不法分子先行构造一张普通信用的票据，利用盗用账户添加出票保证、承兑保证或背书保证，或使用该盗用账户过手背书，以增强票据信用，再向后手流转融通诈骗。

造的签章对被伪造人无效，这是各国法律公认的准则；我国《票据法》对此虽无明文规定，但完全可以由《票据法》第十四条第二款所规定的，"票据上有伪造、变造的签章的，不影响票据上其他真实签章的效力"推导出来；这一绝对抗辩事由可以对抗任何持票人，包括善意持票人①。但也有观点认为存在例外，如第三人相信该人为有权限的人，且可以认为就该等情况的规则于本人的场合，与表见代理的场合同样，也得认为本人有票据上责任，例如在他人保管印章的场合，该印章被冒用②。

就前述冒名开户等同加盖伪造印章的行为，自然应当认定无效。就前述盗用账户等同盗用真实印章的行为，笔者较为支持可以适用例外，理由是在经常性的票据融通中，后手通过日常票据往来已对被盗者常用银行账户存在信赖，被盗者也有保管不善之责，可以适用前述例外理由，但受让人在被盗用者已公告盗用事项后取得票据的除外。

综上所述，规则分析、价值分析、实效分析结论是，特殊担保规则不调整票据保行为，也不符合现行成文法，如类推适用既不公平也无效率，而强制适用也不能起到保护上市公司及投资人的实效。即便本章特殊情形所论及的行为，除冒名伪造签章外，也不适用特殊担保规则，仍应保护善意持票人。至于非上市公司为票据保证的，因其非公众公司，持票人更无从通过公开信息获知其是否决议，基于票据行为独立性，且举重以明轻，更无从以无决议或决议瑕疵为由否定其票据责任。

五、结论

近年来，为满足国民经济发展需要，支持实体经济，帮扶中小企业，国

① 汪世虎.票据法律制度比较研究[M].北京：法律出版社，2003：161.
② 铃木竹熊著，前田庸修订.票据法·支票法[M].赵新华，译，北京：法律出版社，2013：132.

家鼓励发展供应链产业与供应链金融。人民银行等多部委先后出台《关于推动先进制造业和现代服务业深度融合发展的实施意见》《关于进一步做好供应链创新与应用试点工作的通知》《关于进一步强化中小微企业金融服务的指导意见》等政策文件，鼓励发展基于真实交易背景的票据供应链金融服务，支持中小实体企业利用票据工具便捷融资。作为各个行业翘楚的上市公司，是实体经济供应链中的关键环节。上市公司可以运用票据工具，利用其强信用优势，为其上游中小实体企业输出信用，便于其利用票据融通发展。但如特殊担保规则类推适用于票据，反而损害中小企业权益，严重制约票据制度独特优势，这显然与我国国民经济发展需求背道而驰。

诚然，票据保证不类推适用特殊担保规则，在特殊情形下可能损害保证人及其股东（投资人）利益，但特殊情形甚寡，一般情形为众，故不能因噎废食，仍应当坚持《票据法》的精神，保护善意持票人权利，对保证人及其股东宜通过其他方式予以救济。

仍应肯定的是，《担保解释》具有里程碑意义，司法顺应更加复杂的社会经济生活，精细化调整、平衡、保护多元法益。《担保解释》特殊担保规则对公司滥用"他益性对外担保"不啻为一剂对症猛药，但也存在误伤"自益性对外担保"下担保权人的强烈副作用。因此，立法与司法尚须在精细化治理的路上不断发展。我们相信，法律精细化治理发展之路定然不止于此，因为我们坚信，"在民法慈母般的眼神中，每个人就是整个国家"。

参考文献

[1] 王毓莹. 公司担保规则的演进与发展 [J]. 法律适用，2021(3).

[2] 谢怀栻. 票据法概论 [M]. 北京：法律出版社，2017.

[3] 孔燕. 深化票据在供应链金融中的应用 [D]. 中国票据研究中心工作论文，2021.

[4] 李建伟. 公司非关联性商事担保的规范适用分析 [J]. 当代法学，

2013 (3).

[5] 罗陪新 . 公司担保法律规则的价值冲突与司法考量 [J]. 中外法学，2012 (6).

[6] 史尚宽 . 民法总论 [M]. 北京：中国政法大学出版社，2000.

[7] 江平 . 民法学 [M]. 北京：中国政法大学出版社，1999.

[8] 铃木竹熊著，前田庸修订 . 票据法·支票法 [M]. 赵新华，译，北京：法律出版社，2013.

[9] 汪世虎 . 票据法律制度比较研究 [M]. 北京：法律出版社，2003.

[10] 林文学，杨永清，麻锦亮，等 . "关于一般规定"部分重点条文解读 [N]. 人民法院报，2021−02−11 (005).

[11] 迪特尔·梅迪库斯著 . 德国债法总论 [M]. 杜景林，卢谌，译，北京：法律出版社，2003.

[12] 谢石松 . 论票据保证 [J]. 法学评论，1996 (4).

[13] 肖小和 . 票据史 [M]. 北京：中国金融出版社，2020.

[14] 谢怀栻 . 票据关系中的善意与恶意 [N]. 人民法院报，2000−10−27 (003).

[15] 天同律师事务所 . 上市公司担保合规审查指引手册，https://zhuanlan.zhihu.com/p/365875531.

[16] 高圣平 . 公司担保相关法律问题研究 [J]. 中国法学，2013 (2).

[17] 中华人民共和国民法典（实用版）[M]. 北京：中国法制出版社，2020.

国际经验

国际会计准则理事会
修订供应链金融披露规则

上海票据交易所　编译

[摘　要]　自2019年第四季度起，国际会计准则理事会（IASB）和美国财务会计准则委员会（FASB）开始接到会计师事务所、评级机构要求对企业参与反向保理及类似供应链金融的行为增加信息披露的报告。随后两年间，两家准则制定机构对有关问题开展了多次调研。2021年6月，IASB最终决定对企业参与反向保理及类似供应链金融的行为进行披露规则修订，并与FASB就修订情况进行了交流。FASB也在持续推进规则修订相关工作。本篇综合了IASB自2020年4月至2021年6月有关规则修订的主要报告，包括评级机构穆迪公司和IASB的调研报告，以及部分IASB会议材料，梳理并摘译如下，供参考。

[关键词]　供应链金融　信息披露

一、修订背景

根据IASB的调研，当前最常见的供应链金融方式是反向保理，许多被调研机构以"供应链金融"指代反向保理。因此，本篇主要讨论反向保理及与其类似的供应链金融方式，出现"供应链金融"一词时也主要指反向保理。

反向保理经常由信用评级良好的供应链核心企业（购货企业）发起，其基本机制是保理公司等金融机构先就该企业对供应商的欠款向供应商付款，后由该企业向金融机构付款。反向保理的具体条款各有不同，但主要是以促成供应商在贸易应收款到期之前收到货款为目的而设计，还有一类是以促成购货企业在到期日之后结清贸易应付款为目的而设计。反向保理各参与方一般会在金融机构为购货企业（常为供应链核心企业）提供的平台交换相关信息。购货企业收到供应商开具的发票（发货清单）并接受相应商品或服务时，则会将发票信息上传到平台，并可同时附带一个用于确认支付意愿的不可撤销付款承诺（Irrevocable Payment Undertaking，IPU）。

原本，每个行业、每家企业都存在自然形成的营运资金平衡（equilibrium）。然而，许多供应链金融方式在供应商的收款时间点与购买方的付款时间点之间引入了缺口，从而扭曲了营运资金的自然平衡。对财务报表使用者而言，因补足上述缺口而发生的融资行为应被准确披露，形成应有的透明度。目前，虽然反向保理及类似供应链金融方式已被广泛使用，但相关披露却十分欠缺，以经穆迪公司评级的企业为例，对参与该类融资安排及该安排对财务报表和风险状况的影响进行披露的不到5%。这带来三个问题，第一，信息披露不充分导致财报使用者很难在使用和未使用供应链金融的企业之间进行比较。第二，供应链金融安排模糊了有息负债的性质。保理等供应链金融产品刻意扭曲了供应商和购货企业之间原本自然形成的营运资金平衡——使供应商提前收款和购货方延后付款，其间的资金缺口由金融机构等资金方填补。在缺少具有一致性的信息披露情况下，利益相关者无法正确判断购货企业的总杠杆率，债券持有者也可能无法有效管理其债权。第三，缺乏充分披露会模糊经营活动现金流和筹资活动现金流的区别，进而模糊企业的违约风险。

购货企业不就参与反向保理等融资安排的情况作充分披露所带来的问

题，一是杠杆率、覆盖率约束作用失效风险。供应链金融相关负债的缺乏披露和潜在遗漏，可能导致用于衡量和限制债务总量的杠杆率和覆盖率的作用失效。二是不利于评估不同供应链金融方式的影响。"供应链金融"是一系列不同融资方式的总称，对不同供应链金融方式的充分披露，有助于利益相关方评估不同方式带来的不同影响和风险，以及购货企业是否在利用这些方式，将付款期限延长至在没有供应链金融时供应商愿意接受的期限。三是导致不对称披露。如果供应链金融使用情况不被披露，那么相比主要依赖市场公开信息的债券持有人等其他债权人，为购货企业同时提供传统融资和供应链金融的银行等金融机构会更了解企业的资金情况。当企业资金状况变差时，供应链金融提供方就可更快降低对该企业的风险暴露，从而将其他债权人置于劣势地位。四是不可撤销付款承诺（IPU）的性质和会计处理方式不清晰。供应链金融提供方在向供应商提前付款前，有时会要求购货企业对所提交发票附加一个不可撤销付款承诺。贸易应付款常因货物、服务未交付或购货方对质量不满意而出现争议，且没有确定的支付日期，而附加不可撤销付款承诺使得应付款转化为更加确定、更易变成货币的资产，具体来说是抗辩权被放弃和付款日期变得确定。付款义务更加确定，对供应链金融提供方也有明显好处。但需要确认的是，在贸易发票上附加不可撤销付款承诺这一行为是否将发票上的义务转换成了另一种义务，是否需要单独披露。五是披露标准缺乏一致性的影响。不是说供应链金融是一种坏的产品，也不是说使用供应链金融的企业应当被"惩罚"，但如果披露标准不一致，则会给评估不同企业的信用状况造成困难。图1为EMEA地区（欧洲、中东、非洲）的三家公司2008—2018年应付账款天数的变化情况，三家公司的应付账款天数变化趋势相似：在多年处于稳定水平后出现明显增长，特别是2016—2018年。其中，A公司披露了反向保理的使用及规模，B公司披露了供应链金融的使用但未披露规模，而C公司未作相关披露，也未解释应付账款天数增加的原因。

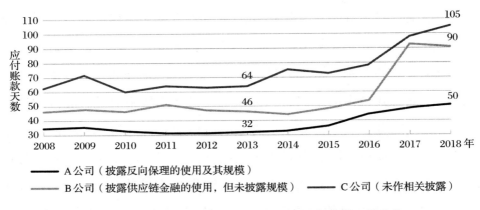

图1　EMEA地区三家公司2008—2018年应付账款天数变化

二、IASB、FASB修订供应链金融披露规则的工作进展

（一）IASB、FASB规则修订工作进程

FASB和IASB分别于2019年第四季度和2020年第一季度收到四大会计师事务所和穆迪公司提交的，有关企业参与反向保理等供应链金融行为及相关披露的情况和对加强披露的要求，并随即通过内部研究和外部调研了解和分析了有关问题。

目前，FASB已将对贸易应付款融资等供应链金融的披露规则修订纳入工作日程，并与IASB就修订情况进行了交流（见图2）。FASB可能作出的披露要求：一是供应链金融项目的核心条款；二是报告期末购货企业所确认的应付款金额并说明此数据在资产负债表和现金流量表上相应的位置；三是对供应链金融项目中金融机构的负债金额；四是向参与供应链金融项目的供应商要求的付款期限。

IASB已正式决定对反向保理及类似供应链金融的披露进行规则修订（见图3），修订内容将在下文介绍。

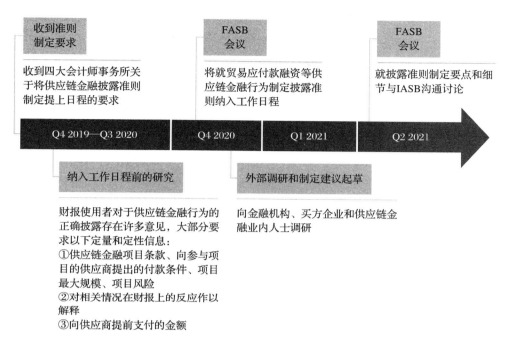

图2　FASB规则修订工作进程

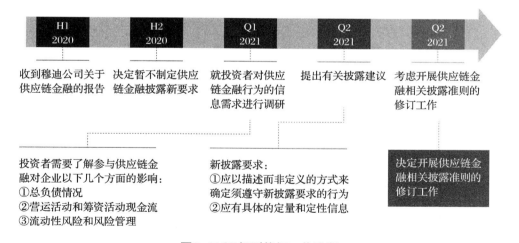

图3　IASB规则修订工作进程

（二）目前购货企业参与反向保理的会计处理

据IASB调查，目前购货企业对反向保理的常见会计处理如下：

1. 资产负债表。反向保理的条款设计往往会确保购货企业在使用反向保理后仍能以"贸易应付款"报告原应付款下负债。在以促成供应商提前收款为目的的反向保理安排中，购货企业通常不会在信用期限未延长的情况下终止确认其贸易应付款，但有些企业会终止确认贸易应付款并确认其他金融负债。在以促成购货企业更迟付款为目的的反向保理安排中，购货企业可在发票到期日之后付款，其往往将贸易应付款重分类为其他金融负债。

2. 现金流量表。贸易应付款在结清时，现金流出分类与该负债在资产负债表的分类一致：企业若将该负债分类为贸易应付款，则通常会将结清负债的现金流出分类为经营活动现金流；企业若将该负债分类为其他金融负债，则通常会将现金流出分类为筹资活动现金流。

如果某企业将现金流出分类为筹资活动现金流，则会比未参与反向保理的企业报告更低的经营活动现金流出量，给财报使用者判断企业在日常业务中购买商品和服务的现金流造成困难。

3.《国际财务报告准则（IFRS）第7号：金融工具披露》的披露要求。目前，企业往往不对所参与的反向保理安排进行披露。相较于将反向保理项目下欠款作为贸易应付款而报告的企业，将保理下欠款作为其他金融负债报告的企业披露信息更加频繁。

（三）IASB的修订建议

2021年6月，IASB决定对企业参加反向保理及类似供应链金融安排进行披露规则的修订，涉及《国际会计准则（IAS）第7号：现金流量表》和《国际财务报告准则（IFRS）第7号：金融工具披露》。本次修订不涉及企业对所持应收账款或存货的融资安排。IASB计划于2021年第四季度发布规则修订征求意见稿。

对于《国际会计准则（IAS）第7号：现金流量表》，IASB建议：一是增加披露总体目标，以帮助财报使用者了解现金流的性质、时间和反向保理及类似融资安排带来的现金流不确定性；二是增加披露具体目标，以定量信息帮助财报使用者确定反向保理及类似融资安排对企业财务状况和现金流的影响，同时以定性信息帮助理解该融资安排带来的风险。

为达到上述披露目标，IASB要求：一是披露反向保理及类似融资安排的关键条款；二是在报告期初和期末，披露参加融资安排的应付款总额、这些应付款中供应商已从金融机构得到付款的金额、这些应付款的付款期限区间、未参与融资安排的贸易应付款的付款期限区间。

IASB另外建议将反向保理及类似供应链金融安排纳入《国际财务报告准则（IFRS）第7号：金融工具披露》的流动性风险披露要求。

资料来源：

IASB Staff Paper: Supply Chain Financing–Reverse Factoring,

IASB Staff Paper: Supplier Finance Arrangements,

Moody's: Classification and Disclosure of Liabilities and Liquidity.

Risks Arising From Supply Chain Financing Arrangements,

FASB: Disclosure of Supplier Finance Programs Involving Trade Payables.

国际金融动态

上海票据交易所　编译

国际贸易与福费廷协会发布第三版
《应收账款融资指南》

国际贸易与福费廷协会（ITFA）发布了《应收账款融资指南》第三版（以下简称《指南》），更新了应收账款融资领域近年来在数字化、监管、金融科技等方面规则和实践的重要变化，较全面地介绍了保理、福费廷（含汇票、本票融资）、证券化等应收账款融资方式在模式、法律、监管方面的特点和区别，以及应收账款融资在供应链金融中的实践和作用。《指南》部分内容节选如下：

应收账款能得到何种融资的决定因素是其质量，资金方会特别关注是否需承担卖方（应收款债权人）的基础合同履约风险。提高应收账款质量的方式之一，是使其成为不可撤销的付款责任，这既可基于应收账款本身，也可将该应收账款以独立的不可撤销支付承诺或本票替代。此时，购货方必须放弃在货物有缺陷时拒绝进行付款的权利（尽管可以保留向卖方索赔的权利）。若应收账款没有成为无条件付款责任，一些融资方式可能无法实现。

对商品交易中的购货方而言，参与应收账款融资（对购货方而言是其应付款）往往能延长付款期限：由资金方在向供应商提前付款的同时，承担购货方的延迟还款和信用风险。许多参与应收账款融资的购货方希望应收账款

（其应付账款）继续算作贸易债务而非银行债务，但评级机构等相关方对此表示担心。

在供应链金融领域，当前需求最大和最吸引监管部门、投资者、市场参与者注意力的是应付账款融资（也称反向保理），即"以买方为中心"的一种应收账款融资方式。在传统的应收账款融资结构中，资金方与应收账款债务人（购货方）并无直接联系，因此无法得到购货方对应收账款的直接确认；而应付账款融资"以买方为中心"的模式使得购货方能高效确认其付款责任，给资金方带来较大便利。

根据国际商会等发布的《供应链金融技术标准定义》，福费廷是一种应收账款购买形式，即无追索地购买以可流通或可转让金融工具等表示的未来支付责任。福费廷的一个基本特征是无追索权（除欺诈行为）。流通工具在福费廷中使用时，会以"无追索权"等词语限制背书人责任。本票、汇票等传统福费廷工具在应收账款融资上具有巨大潜力，究其原因：一是为简单的无条件支付责任；二是有法律保障；三是技术上容易实现数字化；四是经长期使用后已具有广泛的国际接受度。

资料来源：*A Guide to Receivables Finance (3rd edition)*（www.itfa.org）。

国际信用证的优劣势与发展挑战

信用证目前仍是国际贸易融资的重要工具，但也可能走向衰落。对贸易双方而言，信用证的最主要优势是安全性。典型的国际贸易中，卖方在收款前就装运货物，买方在收货前就付款，这时信用证的安全优势非常明显。信用证的另一优势是市场对其较为熟悉。大部分信用证交易选择遵从国际商会《跟单信用证统一惯例》（UCP600），而UCP600自2007年以来一直没有更新，这说明市场对其条款较为满意且这些条款正在被有效使用，也反映出信用证体系经过长期运行已被使用者所习惯。

信用证的劣势：一是操作复杂和成本高；二是可能导致延迟；三是容易

发生欺诈。无论对银行还是交易者，信用证都显得僵化、烦琐且管理成本高。然而，后疫情时代，对纸质单据的严重依赖已不适合工作方式的日益灵活；人工核验大量单据时很容易产生错误和延迟；信用证付款取决于单据与标准的一致，因此表达上的细微错误可能导致过高代价。此外，贸易融资本身就非常容易滋生欺诈，而信用证流程中，人工的参与程度和对纸质单据的依赖使得欺诈风险很难防范。

近年来，致力于开发更快捷、廉价的跨境支付方式的金融科技对信用证体系提出了挑战，信用证的安全性优势并不一定大于其劣势。一些平台已在发行数字信用证，这或许有助于降低信用证欺诈风险、提高效率，并在保留信用证安全性优势的同时减轻一些劣势。

资料来源：*Letters of Credit: Here to stay or gone tomorrow*（www.tradefinanceglobal.com）。

《金融市场基础设施原则》实施情况第三阶段评估

金融市场基础设施委员会（CFMI）和国际证监会组织（IOSCO）在发布《金融市场基础设施原则》（PFMI）后，开始在会员辖区开展实施情况评估。评估分为三个阶段：一阶段是自我评估，内容为是否已完成相关立法和制定政策以保证PFMI的实施；二阶段是同行互评，内容为是否完整和准确地对照PFMI采取措施；三阶段也是同行互评，内容为基础设施和监管部门执行原则要求后效果是否持续稳定。本报告为三阶段中有关业务连续性计划的评估，查验了29个地区38个基础设施的业务连续性计划，包括14个支付系统、15个中央证券存管机构/证券结算系统、5个中央对手方和4个交易报告库，报告了一个严重关切问题和一个关切问题。报告建议所有基础设施及其监管者都查验这些问题。

评估发现的严重关切问题是在发生大规模或重大中断时的及时恢复。部分基础设施的业务连续性管理似乎并不符合PFMI原则17（运行风险）要求的"业务连续性管理应当旨在及时恢复运行和履行基础设施义务，包括在出现大范围或重大中断事故时"。另外应质疑的是被评估基础设施的业务连续性计划是否按照原则17要点6的要求而设计,即"确保重要的信息技术系统能在中断事故发生2小时之内恢复运行"和"即使在极端环境下,计划也应确保能在中断日日终完成结算"。质疑的依据:一是部分被评估机构没有明确设定2小时恢复目标,包括发生大规模物理(非网络)中断时;二是有一家机构承认其备用站点与主站点的风险特征无明显区别;三是少数机构没有针对紧急交易的应急安排,而已制定这种安排的机构中,有一些完全依靠手工和纸质操作;四是一些机构没有具体计划来解决可能的大规模人手不足情况,说明这些机构在发生这种情况时可能难以完成结算。

评估发现的关切问题是网络风险。PFMI原则17规定"基础设施应识别运行风险的内部源头和外部源头,并通过使用适当的系统、制度、程序和控制措施来减轻它们的影响",然而部分机构没有针对网络风险提出明确的业务连续性目标,而在设有目标的机构中,也仅有部分明确指出了潜在网络攻击的宽度、深度,以及其业务连续性计划所不能覆盖的一部分网络风险。

资料来源:*Implementation monitoring of PFMI: Level 3 assessment of FMIs' business continuity planning*(www.iosco.org)。

传统贸易融资与供应链金融的比较

贸易融资为跨境贸易企业的营运资金缺口提供金融方案,解决购货方和卖方的利益冲突问题。贸易融资可分为传统贸易融资(即单证贸易融资)和供应链金融两大类,前者主要包括信用证、保函、托收,后者涵盖对赊销产生的资金缺口融资的多种方式。传统贸易融资已存在几百年,是基于货物交易/运输(transaction/shipment-based)的融资方式,由商业银行担当企业间货款和运输单证的交换中介,起到风险缓释作用。不同于传统贸易融资,供应链金融是基于"流"(flow-based)的融资方式,其存在基础是贸易双方的合同、证明与保证,主要围绕赊销中购货方的支付承诺或卖方的收款权利开展,商业银行在其中的中介作用较小。

传统贸易融资和供应链金融均聚焦于压缩企业的现金循环周期，包括：提供融资，增加应付账款周转天数，减少供货时间，减少存货周转天数，减少应收账款周转天数，提供风险缓释，美化报表和帮助企业回款等。

现金　交货时间　应付账款　存货　应收账款　现金

图1　企业现金循环周期

对银行而言，传统贸易融资和供应链金融的区别：一是货物控制。大多数传统贸易融资产品规定由银行传递运输单证，因此银行可通过控制运单而持有货物抵押，在违约时出售货物，收回资金。供应链金融则不具备这一机制。二是款项控制。在传统贸易融资中，银行可控制客户款项。传统贸易融资产品大多要求银行通过SWIFT系统MT202报文付款，只涉及付款行和收款行信息，没有付款人和收款人信息，银行对款项具有完全的控制力。如果一家银行为某客户提供过融资，则该客户的付款只能用于偿还相关融资，无法作他用，因为款项并未计入客户账户。供应链金融则没有上述机制，不过一些银行也会尝试通过锁定付款账户来达到相似的控制。三是运营成本。供应链金融是基于"流"的，依赖各方交换的信息。由于信息交换及相应融资可实现完全自动化，因此供应链金融可比传统贸易融资使用更少的人员和资源，成本更低。四是手续费收入。传统贸易融资业务带来的手续费收入使银行不必以自有资本开展业务，这是吸引金融机构的主要因素。与此相反，供应链金融业务通常获取的是利息收入，手续费收入较少。五是数字化。传统贸易融资由于涉及大量纸质单证和人工处理，单证的数字化及数字化签发、交换成为当前面临的主要挑战，而基于"流"的供应链金融较容易被数字化，并且银行业在供应链金融方面的技术基础更强。

对企业而言，传统贸易融资和供应链金融的区别在于：一是成本。传统贸易融资要求银行提供如信用证开立、信用证通知、单证处理和核验，以及收款等一系列服务，都会产生费用，因此与供应链金融相比可能成本更高。二是流程。传统贸易融资遵循国际商会（ICC）相关规则，如《跟单信用证统一惯例》（UCP600）、《托收统一规则》（URC522）、《国际备用证惯例》（ISP98）、《国际商会见索即付保函统一规则》（URDG758）、《关于审核跟单信用证项下单据的国际标准银行实务》（ISBP）等，规则、流程复杂，缺少灵活性，经验丰富的从业者也少。传统贸易融资是小众市场，而供应链金融则更容易被了解，市场也更容易培育。三是时间。绝大多数传统贸易融资产品流程复杂，导致客户获得相关服务的时间更长。相比而言，供应链金融的流程时间更短。

鉴于当前疫情，有观点认为传统贸易融资在短期内将增长；但历史数据和趋势表明，供应链金融将在未来10年持续增长。据国际商会估计，目前90%的贸易以赊销方式进行，这为供应链金融提供了扩张空间。电子化或许会提高传统贸易融资的竞争力，不过这取决于业界是否能接受各利益相关方提出的数字化方案。

资料来源：*Traditional Trade vs Supply Chain Finance*（www.tradefinanceglobal.com）。

贸易融资欺诈和电子化的作用

近期，贸易融资欺诈案例快速增加，其中包括一些大型知名企业。这些欺诈行为可归为以下几类：一是在未通知银行的情况下放出由银行融资的仓库货物；二是为无基础贸易的发票提供融资；三是为副本提单（正本提单复制件，无法律效力）融资；四是实际货物与提单所述不符等货品真实性问题。企业以上述手段获得的资金往往用于外汇投机、另类投资等。

商业银行对贸易融资基本原则的缺乏了解加剧了欺诈行为及损失，他们在没有相应基础设施的情况下进入了贸易融资领域。为大宗商品等贸易提供融资的银行必须配备合适的工具，如专门的风险模型和风险管理部门、抵押品监控工具、专业的前台办公室等。然而一些银行对大型企业放松了警惕，开始更多地提供慕名贷款（name lending，指仅基于对借款主体的信任而提供贷款），降低定价，放松风险控制。比如，从抵押品管理转向纯信用贷款，不再严格监控货物，不检查发票真实性，不核验装运货物是否与单证所述一致。许多情况下，对购货方的现场检查就能发现相关发票是虚假的。

贸易融资在电子化上的努力已有一段时间，多国政府、银行、贸易商和航运公司都对此表现出前所未有的重视，正在开发各种技术和制定规则以引入数字化单证。目前，贸易融资的电子化进程已发展出几条路径：一是分布式账本技术，使各方在同一网络上共享发票、贸易单据、承兑汇票等信息，以控制虚假发票、重复融资和欺诈问题；二是提单电子化；三是物联网，用于跟踪货物及相关信息；四是人工智能，用来甄别欺诈行为。

不过，上述技术取得成效需若干前提。一是分布式账本网络应是公共的或具有互操作性。当前，已建和在建的区块链网络非常多，但仅对有限对象开放的网络并不能为整个生态带来价值，必须更多依赖公有链，或在不同私有链之间建立可相互通信、可互操作的机制。二是贸易融资生态中全体成员对某项技术的广泛采用，包括运输公司、购货方、供应商、抵押品管理机构、银行、保险公司和海关等。三是电子化单证的广泛采用。部分政府、国际商会等已在为提单、不可撤销支付承诺和汇票等单证的电子形式合法性制定规则制度，但接受范围目前还较有限，需尽快扩大。四是严格贷款标准与控制。银行开展贸易融资业务应采用更严格标准，慕名贷款不应成为常态，贸易融资产品定价未来也会提高。

资料来源：*Is Trade Digitization the Answer to Commodity Trade Finance Fraud*（www.tradefinanceglobal.com）。

ESG市场的高速增长与风险

市场对环境、社会和治理（ESG）的投资需求正迅速增长，特别是固定收益市场。投资者对环境问题的关注是主要驱动力。不过，在缺少透明度的情况下，这一新资产类别的高速增长可能引发泡沫。

由于缺乏标准化以及由此带来的分类困难，导致难以确定ESG资产的准确规模。有调查指出，2016—2020年，ESG资产增长了近三分之一，达到35万亿美元，占专业机构管理全部资产的36%。另有调查采用更严格定义，仅包括自己报告具有ESG或社会责任投资授权的公募基金和ETF，得出了更快的增长速度：这些基金管理的资产过去五年间增长超过10倍，达到目前的约2万亿美元。

一些曾高速增长的资产类别在规模和价格上的历史经验可作为ESG市场的借鉴。与经济、社会的根本性变化相关的资产，在初始繁荣后往往会经历大幅度价格修正，如19世纪中期的铁路股、互联网泡沫时的互联网股，以及国际金融危机时的MBS等。

ESG资产已出现被高估迹象。在权益市场，清洁能源行业的市盈率虽已从2021年1月的峰值回落，却仍显著高于已估值较高的成长型股票。在债券市场，高估值与市场过热、与金融风险可能更相关，需要对"绿色溢价"和"社会溢价"（即在投资有益于环境和社会的资产时，投资者愿意接受较低的风险溢价）等进行进一步研究。

应密切监控ESG市场的发展。如果ESG市场继续以目前的速度增长并出现更复杂的产品形式，就不仅要看到其对转向低碳社会的帮助，还要识别和管理可能出现的金融风险。至少需要收集资产持有者及其敞口的充分数据，尤其是加杠杆时的情况和低透明度市场的情况。当然，这些措施要求充分的信息披露和可靠的ESG分类方法。

资料来源：*Sustainable Finance: Trends, Valuations and Exposures*（www.bis.org）。

票据市场运行数据

2021年1—12月商业汇票业务数据

（上海票据交易所）

单位：亿元

时间	承兑发生额		贴现发生额		转贴现发生额		质押式回购发生额	买断式回购发生额	承兑余额		贴现余额	
	银票	商票	银票	商票	银票	商票			银票	商票	银票	商票
2021年1月	19550.41	4184.04	12033.51	1438.22	36567.35	4882.15	19673.28	1223.98	120891.33	23541.31	81256.78	7578.56
2021年2月	11336.27	3173.17	6308.70	1007.90	23056.08	2047.99	11699.40	835.47	118427.23	24710.73	78267.13	8017.86
2021年3月	19724.14	3247.87	14045.19	1349.62	41124.69	4432.01	19917.30	1650.01	116488.05	24391.48	76626.08	8277.51
2021年4月	16828.83	2884.86	11411.14	886.91	41877.87	4950.60	20255.79	1382.73	117028.83	24481.84	76820.97	8327.19
2021年5月	16239.80	2625.19	11405.18	842.36	37259.65	4532.36	18241.49	1224.69	117633.16	24124.94	77693.47	8368.29
2021年6月	19738.74	3494.74	13967.32	1162.99	35821.01	4418.80	19338.64	1567.91	120154.05	23254.60	80806.07	8516.56
2021年7月	15108.35	2586.27	10184.35	788.11	35547.49	3881.69	21776.91	1974.87	119488.38	22546.23	81134.36	8397.98
2021年8月	15751.84	2622.23	10642.49	750.94	34593.86	4509.60	19098.92	846.78	122592.94	21981.22	83874.88	8341.78
2021年9月	17423.65	3145.05	11560.42	1119.75	32359.07	3308.06	18149.35	531.42	123952.80	21952.33	85277.65	8461.06
2021年10月	13143.95	2085.93	8170.35	646.84	23896.29	2801.39	14876.77	475.70	123811.43	21417.69	85365.58	8409.67
2021年11月	16160.84	2683.71	10886.45	864.56	30906.48	3185.65	19393.42	766.59	125453.17	21054.34	86771.74	8366.03
2021年12月	22534.32	5243.15	17353.18	1325.43	47656.40	5739.69	14587.96	299.48	128113.12	21644.55	90541.90	8254.24